人も企業もバランスが命

〜正法経営のすすめ〜

西島和夫

元就出版社

［序に代えて］ 二十一世紀を切り拓く優良企業とは？

〜不況を乗りきる「バランス経営」〜

●正しい努力を続ければきっと良くなる

今、平成不況の真っ只中にある日本は、まるで暗く長いトンネルに入った長距離列車のようだ。前方には多少の明るさが見え始めているが、これからどこへ行くのか、行先の分からない不安の中であえいでいる。

こうした絶不調の時代に、私たちはどう生きたらいいのか。そして、二十一世紀の企業経営はどうあるべきなのか。

本書は、一仏教徒の私がこの重いテーマに正面から向き合い、これからの企業と人間のあり方に対して、私なりの提言を行ったものである。

順次読み進んでいただければ、自ずと明らかになると思うが、私がとくに強調したかったのは、すべての局面において、企業も人も適度なバランスをとることがいかに大切かということである。

中国に「好事魔多し」という古い言葉がある。その意味は、良い事やうまくいきそうな事には、とかく邪魔がはいりやすいということで、好調な時ほど気を引き締めなければならないという自戒の諺である。

ふりかえってみれば、かつてバブル経済に狂奔した人々のうち、どれだけの人がこの言葉を嚙み締め、その身を慎んだか、きわめて怪しいものだ。好況時こそ、「このまま行って大丈夫かな?」と自らを点検する気持ちが重要なのである。

反対に、今のような不況期にはどうしても心が沈みがちになるが、正しい努力を怠りなく続けていけば、きっと良くなるはずだという信念を持ち続けることが大切である。

いつの時代も朝の来ない夜はないし、闇の中から必ず光が見えてくるのがこの世の常だからだ。

●「市場原理」を無視した戦後の日本企業

私は、二十一世紀を切り拓く優良企業の第一条件は、正しい経済理論に忠実なことだと思う。「経済は生き物で理論じゃない。理屈抜きで儲《もう》ける奴が偉いんだ」と強がって経営してみても、決してうまくいかないのが現実だからである。

商売を始めればすぐ儲かるわけではなく、儲かるべき要素があり、儲かるべき理由があって初めて儲かるのだということを、よくわきまえなければならない。

戦後の日本企業の大きな欠陥は、基本的な「市場原理」を無視した点にある。とくにバブル経済華やかなりし頃、ジャパン・アズ・ナンバーワンと奢りをきわめ、基本的な市場原理を蔑《ないがし》ろにした。

そこには、国家の庇護の下で護送船団方式の「横並び経営」さえしていれば、我が身は安全だという錯覚があった。

国内だけの競争ならそれで済んだかもしれないが、経済がボーダーレス化し、国際的なつながりが深まった現在、護送船団で〝みんなで渡れば怖くない〟という体制を組んでも、もはや通用しないことははっきりしている。

その点、ユニクロというブランドの衣料メーカーは、理論的に一貫した形で事業を展開して成功を収めている。

同社が、中国の縫製工場に依頼して衣料品を生産しているのは、中国の生産技術が世界水準に達しているという正しい認識があるからだ。また、これまで装飾過多だった多くの日本人は、もっとシンプルなデザインのファッションを求めるにちがいないという先見性があった。

ユニクロ製品は、こうした認識を踏まえて生産されているので、一時的に苦しい時期があっても生き残るにちがいない。そういう可能性を濃厚に感じさせる企業の一つである。

●もう一度、顧客の声に耳を傾けよう

二十一世紀を切り拓く優良企業の二つ目の条件は、経営トップが時代のトレンドを見きわめながら、〝何が本当に人々の役に立つのか〟という気持ちを持ち続けることだと思う。儲けたいと思っても、人々が、世間が儲けさせてくれないのがこの世の現実だが、ひたすら「社会の役に立ちたい」と願えば、人々が、世間が儲けさせてくれることを肝に銘ずべきである。

最近は「顧客志向」とか「顧客満足」などという言葉があるが、現代企業の原点はそこにある。もう一度そこへ戻って顧客の声に耳を傾け、事業を組み立て直す必要があるのではなかろうか。

企業経営の本来の目的は「事業」を継続することだが、現代企業の多くは「利潤の追求」が第一目的になっている。

そこには欧米の経営論の影響が色濃く感じられるが、ひたすら人々の役に立つ事業に打ち込んでいれば、第三者が「こんな得意先もあるよ」と紹介してくれる。人々に喜ばれる

事業をまじめに展開していれば、利幅は薄いかもしれないが人間の輪が自然に広がり、大きなうねりになってくるだろう。

現在、少なからぬ企業で「お客様相談室」を設けることが流行しているが、設置してから日が浅く、お世辞にも定着したとは言えない。

それどころか顧客の相談を「苦情一般」と捉え、〝臭い物にフタ〟をしているのが多くの企業の実態だ。

高度経済成長を担った重厚長大型の企業は、消費者の意向に沿うことなく、〝あれを買いなさい、これを使いなさい〟と自社商品を押しつけてきた。

しかし、明らかに現代はそういう時代ではなく、消費者自身が自分の意志とセンスで商品を選ぶ時代である。

とくに若者にはそういう傾向が強いので、企業はさらに厳しく市場動向を見守りながら対処していかなければならない。

多くの人々が欲している商品なら、高い利潤を得てもかまわない。その商品の社会的価値がどうなのかということが問題だからだ。たとえば、原価が二百円の本でも千円で買いたいという消費者がいるかぎり、千円で売っていいのである。

厳密な市場調査の結果、そういう売価が適当ということになれば問題はない。それだけの価値のある商品だからである。

●マーケティングに不可欠のインターネット

二十一世紀の優良企業の三つ目の条件は、さまざまな事業のアイデアが現実の市場に適合しているかどうか、十分吟味することである。当面の経済情勢と照らし合わせて、ビジネスのアイデアをよく吟味し、優れた事業戦略や戦術を編み出さなければならない。

とくに新規事業ではアイデアも大切だが、実際に始めてみると予想外のトラブルが山のように出てくる。それらを一つ一つ解決しながら、より良い方向へ持っていくのが企業経営の真髄である。

時間のスピードが加速化し、数ヵ月単位でトレンドが変化している現代では、昨日売れた商品も今日は価値がないということは日常茶飯事である。

その意味で「情報」に敏感であるかどうかが、企業の死命を決すると言っていい。私は、顧問をしている株式会社井田両国堂の会議で、コンピュータとインターネットの活用を口がすっぱくなるほど強調してきた。

インターネットを通じて入手する情報は、きわめて迅速で的確である。これからは、その情報を持たない企業は必ず負けるだろう。

また、コンピュータ・ネットワークを通じて、生の顧客情報を正確にキャッチすることが重要だ。コンピュータを使いこなせば、売れ筋商品が一目で分かり、マーケティング戦略に不可欠の情報が瞬時に入手できる。

現代の企業には、常に的確な情報に基づいて軌道修正していく変わり身の早さが求められている。数ヶ月で市況がどんどん変わっていく現在、そうしたスピードと機動力がなければどんな企業も生き残れないだろう。

●経営を見る眼が育たない日本の銀行

大手スーパーマーケット・チェーン、マイカルの倒産は、ダイエーの場合と同様、収支のバランスを欠いた拡大路線に問題があったようだ。同時に、会社が大きくなればなるほど経営トップの責任が重くなることを感じさせたが、ギリギリの状態にならなければ不良債権処理をしない、大手銀行の「貸手責任」も大きい。

現在の金融機関は、正しい市場原理の原則に立って物事を処理していない。戦前の財閥系銀行にはしかるべき人物がいて、小規模でも見込みのあるベンチャー企業に融資し、大企業が対象でも不明朗な貸付は厳しくチェックしたものである。

戦後の日本に、こうした「銀行家（バンカー）」の名に値する人物が輩出しにくい理由は、大学の成績の優劣で採用を決める人事システムにある。

こういうシステムで入社した社員は、先月はこれだけ、今月はこれだけ儲かったということばかり気にしているので、経済全体の大きな流れを俯瞰することができない。一口で言えばサラリーマン感覚の銀行員ばかりで、銀行内部に真の経営を見る眼が育っていないのである。

もっともこういう傾向は銀行ばかりでなく、戦後日本の国民思想自体が利那的で、唯物論的傾向が強くなっている。経営に対する考え方も理論的でなく、みんなで肩を組めば大丈夫だろうという没理論的な依存関係が強まっている。

その意味で、今こそ「イチ抜けた！」の思想と行動が求められているのではないか。

●経営と人生の指針となる「般若の智恵」

私に言わせれば不況は必ずしもマイナスではなく、むしろチャンスである。不況によって「良い経営」と「悪い経営」が峻別され、悪い企業が淘汰されるからだ。

もちろん、不況期に生き残るには「正しい経営」がなければダメで、姑息な手段を積み重ねても生き残ることはできない。

では、正しい経営とは何か。本書では、それがどういうものかということを仏道の立場から説きおこしたが、当然ながらそこには現実社会の「厳しさ」がある。経済の本質や属性は、厳しい人間社会の実相を反映するからである。

話は変わるが、自然界の動物の生態を記録したドキュメンタリー映画を見ていると、そのすさまじい生存競争に圧倒され、《食う側》と《食われる側》の闘争に酷さを感じる時がある。

しかし、自然界では《食う側》が決して余分には食わないし、人間のように殺すことに快感を覚え、ニヤリと笑ったりはしない。

《食われる側》もジタバタせず、自分の運命に潔《いさぎよ》く従って粛々と食われていく。その様子には清々しささえ感じられ、厳しさの中に「自然の摂理」を感じとることができる。

こうした〝弱肉強食〟の原則は、形を変えて人間世界にも通底しているが、その真っ只中にいる私たちは、基本的に何を基準に生きていったらいいのだろうか。

私は本書の中で、それが仏道における〝般若の智恵〟に他ならないことを繰り返し提唱するつもりである。

サンスクリット語で「プラージュナ」と呼ばれるこの智恵は、「頭で考える以前の判断」という意味で、体内の自律神経のバランスがとれている時に現れる直観的な判断力のことである。

詳しいことは本文に譲るが、人間にとって、そして企業経営に真に役立つ智恵はこうした直観的な智恵で、その智恵は自律神経のバランスがとれた状態でなければ出てこない。

では、自律神経のバランスをとらせるにはどうしたらいいのか。

仏教の始祖・釈尊は、それには坐禅に勝る方法はないということを二千数百年前に提唱され、仏道の根本的な教えに据えられたのである。

独り静かに自分と向き合い、正しく坐禅に没入する時、私たちの心には、現実を鏡のように写し出す〝般若の智恵〟が働き、間違いのない人生の指針となってくれる。

これは企業経営においても同様で、不況を乗り切る「バランス経営」の方向が自ずから見えてくるのが、何物にも代えがたい坐禅の妙味である。

実際、独力で事業を起こし、ひとかどの成功を収めた経営者には、人並み優れた直観力が備わっていることが多い。それがすべて〝般若の智恵〟だとは言わないが、私の長い坐禅体験によれば、何らかの形で自律神経のバランスと関係しているのではないかと思われる。

私が師事した沢木興道老師は、「およそ何がむずかしいかといって、人に坐禅を勧めるほどむずかしいことはない」と嘆いておられたが、たしかに現代の仏教界でも坐禅をする人は少数派である。

しかし、始祖・釈尊以来、連綿と継承されてきた仏教思想の中核は、坐禅の実践に他ならないというのが私の信念である。

本書は、その立場から二十一世紀を切り拓く優良企業の条件と、経営者のあり方について書き下ろしたものである。

企業経営というのは、通常考えられている以上に困難なものである。その〝狭き門〟をいかにくぐり抜け、明るい陽光がいっぱいの花園へたどりつくことができるか。

私にはそのすべてが、経営者と従業員の心と身体の持ち様にかかっていると思われてならない。本書が今日の不況を乗りきる「バランス経営」の実現に少しでも役立てば、私にとって望外の幸せである。

平成十四年五月吉日

西嶋和夫

「人も企業もバランスが命」目次

[第二章] 「良い経営」と「悪い経営」はどこが違うか

[第三章]「正法経営」のすすめ 57

本文イラスト――中島祥子

「人も企業もバランスが命」

～正法経営のすすめ～

［第一章］「バブルの崩壊」と現代

《1》 バブル景気とは何だったのか

●需要は永久に拡大するという錯覚

平成に入って既に十三年が過ぎ去ったが、日本経済は「バブル景気」の崩壊に続く長期不況からいまだに立ち直っていない。

では、そもそもバブル景気とは何だったのか。その崩壊は何を意味したのか。歴史の針を逆戻りさせて、これまでの経緯をおおまかに振り返ってみよう。

『平成不況一〇年史』(吉田和男著/PHP新書)によれば、いわゆるバブル景気は、昭和六十年（一九八五）九月の「プラザ合意」に始まる。

この時、先進五ヶ国蔵相会議は為替市場へ「協調介入」することで合意したが、その合意が日本に円高をもたらし、「円高デフレ」を招いて株価が急上昇し始めた。

その急上昇は、昭和六十二年十月のニューヨーク株式市場大暴落（ブラック・マンデー）で終わったかに見えたが、その影響を短期間で克服した株価はさらに上昇。平成元年（一九八九）十二月末、日経平均株価（東証一部上場）は三万八千九百十五円という最高値を記録した。

この活況に目を見張った多くの投資家は競って株に投資し、家庭の主婦まで証券会社に殺到して株を買い漁ったため、株価はさらに高騰。「財テク」という言葉が流行語となり、日本人がすべて株屋になったのではないかと言われる騒ぎが巷にあふれた。

やがて、日本経済の動向に後々まで影響を残す地価の高騰が始まる。株価高騰と連動するように地価が上昇し、昭和六十年を起点に商業地平均で計算すると、平成二年（一九九〇）までに約四倍という高い上昇率を示した。

さらに、購入した土地を財テクに利用しようとする動きが、土地問題をより深刻なものにした。うなぎ昇りの地価が多くの人々にさらなる上昇を期待させ、土地を買い漁らせる。そのことにより地価がますます上昇する連鎖のメカニズムが、バブル経済の本質である。

こうした異常な地価高騰の背景には、見境いのない資金供給を企業や個人に行った金融機関の問題がある。

折しも、金融の自由化・国際化の時代を迎えて、銀行をはじめとする各種金融機関は野放図な融資を実行し、円高による金融緩和と、それに伴う金余り現象がバブル景気を生み出した。それはまさに「バブル」（泡）の名に値する異常事態だったと言えよう。

当時の日本では、バブル景気によって需要は永久に拡大するという錯覚にとらわれていたのである。

たとえば、平成元年度の国内新車登録台数は前年より三十％も上昇したため、自動車産業各社は、ここで設備投資を行わなければ市場シェアが下がってしまうと考え、積極的な設備投資に走った。

他社との「横並び競争」によって、市場シェアを維持するのが特質の日本企業にとって、その選択は必然だったのだろう。

こうした「競争」の結果、民間設備投資の対前年比増加率は平成二年度に十一・三％を記録。これに輸出拡大などが加わって総需要が拡大し、国民所得の増加がさらに消費と投資を増やす循環によって、景気はさらに拡大していった。

バブル景気に酔いしれた日本人は、過剰な設備投資がやがて過剰生産を生み出し、需要面からの景気拡大は持続性がないことに気づこうとしなかったのだ。

●従来とはまったく異なる長期不況に突入

平成二年八月、イラクのクウェート進攻から「湾岸危機」が勃発すると、石油の供給見通しが不安定になり、日銀が公定歩合を六%に引き上げた。

これを手初めに、金利引き上げによる景気の引き締めが行われ、地価高騰を鎮静するために「地価税」を導入。不動産融資に対する「総量規制」という形で不動産業界へ流れる資金の流れが止まった。

そして、地価が下落し始めると株価も低落し、平成四年（一九九二）八月、一万四千三百九円の最安値まで低下。同十年九月には一万三千円を割るところまで落ち込んだ。

バブルの崩壊によって資産価値が下落すれば消費が減退し、企業の設備投資も抑制される。平成四年に経済企画庁報告が「景気の後退」を告げると、国民はようやく不況に入ったことを認識。日本経済は、戦後最長の、従来とはまったく異なる性質の長期不況に突入したのである。

その後、多くの人々は平成七年（一九九五）に不況が終わり、長く暗いトンネルを抜け出せるのではないかと考えた。

しかし、同九年（一九九七）には景気が再び下降局面になる。

そのきっかけは消費税が五%になったことで、金融システムに対する不安が消費の減退にさらに拍車をかけた。北海道拓殖銀行と山一證券の破綻が大きなショックとなり、橋本首相が「公的資金」の導入をめぐって不用意な発言を行ったため、株価は乱高下する。

これを受けて平成九年十一月、経済企画庁の月例報告は景気の「緩やかな回復」を「足踏み」という表現に変更。小渕内閣が誕生して、堺屋太一氏が経済企画庁長官に就任すると、その見方は「景気後退」に一変した。その後の日本経済は、〝混迷あるいは漂流〟という言葉がピッタリするような長期不況に陥っている。

●国際投機資本の「カラ売り」に翻弄される

それにしても、なぜ日本はこのような事態に立ち至ってしまったのであろうか。私なりに分析すれば、その最大の理由は、政府及び民間に「経済理論」がまったく不足していたからだ。

戦後の日本経済は急速に復活し、池田内閣の「所得倍増計画」の波に乗って、〝世界の奇跡〟と呼ばれた驚異的な経済成長を成し遂げた。その時点までは良かったが、その後のバブル期に、余剰資本を株式と不動産投資へ向けるという重大な過ちを犯したのである。

この流れは次第に加速し、昭和六十二年頃に株式における理論的最高値まで到達したにもかかわらず、政府が主導権を握って金融機関に協力させ、余剰資本をどんどん株式及び不動産市場へ注ぎ込むという愚行を行ったことが大きい。

本来あるべき「経済理論」を無視して一部市場に投資し、その価格が上がれば大成功と見なすのは、まったくの素人の行為である。

現代経済は世界的な規模で動いており、こうした状況を絶好の機会と捉えた国際投機資本は、この頃から「カラ売り」を始めた。カラ売りとは実際に株式は持っていないが、それを他人から借りて株式売却の約束だけをする行為のことである。

彼らは、株価が売却時の価格より上がれば損をするが、逆に下がれば得をする。バブル経済の絶頂期に、国際投機資本は、日本の株価はやがて下がるだろうと予測し、下がった時に儲かるカラ売りを実行した。日本の株式市場が強気の相場を張っていた頃、彼らはやがて来るバブルの崩壊に備えて、弱気の相場を張っていたのである。

こうした状況が三年続いて、バブル景気はアッと言う間に崩壊したが、日本人がもう少し「市場」の動きというものを知っていれば、あのように馬鹿げた結末にはならなかったと思われる。

●「護送船団」方式の致命的欠陥

ここで強調したいのは、バブル景気の発生と崩壊には、「護送船団方式」による政府の金融機関に対する指導に大きな責任があるということだ。

投機的な取引に関していえば、自分の判断が正しければ儲かり、間違っていれば損をするのが市場原則のイロハである。ところが、日本の大手銀行は政府主導の「護送船団」に組みこまれ、他行と同じことをやっていれば競争に負けないですむ仕組みになっている。

これは、明らかに市場原則から逸脱した話で、他社と一緒に行動しても危ない時は危ない。そういう意味の「自己責任」の原則が、決定的に欠けているのが日本の金融システムの致命的欠陥だ。

自らの判断に起因する結果がどうなろうとも、その責任は自分でとらなければならない。その原則を忘れて、政府自ら公的資金（＝国民の血税）を投入し、救済措置をとったのがいわゆる「住専問題」である。

平成七年（一九九五）十二月、政府は住専処理機構に六千八百五十億円の公的資金を投入することを決めたが、私はこの措置は基本的に間違っていたと思う。日本の金融システムの混乱を防ぐため、何らかの処置をしなければならないと言うのなら、従来と同じように、日銀の特別融資でやるべきである。この制度で救済した場合は、借りた側に返済義務が生じるからである。

ところが「住専処理」のように公的資金を投入し、借りた側が明確に返済義務を負わない仕組みは大変おかしい。返済しきれない分を国家財政から支出するのではなく、最初から過大な恩恵を与えること自体、まったく納得できない救済措置だったと思われる。

●日本社会には「正義」が失われている

ちなみに、今日のように金融機関の不良債権がふくらんだ発端は、平成二年（一九九〇）三月、不動産融資に関する「総量規制」の局長通達が大蔵省から出されたためと言われている。

しかし私に言わせれば、あの規制以前の数年間、国が金融機関の不動産投機を黙認したこと自体に間違いがある。本来、金融機関というものは不動産に投資すべきではないからだ。

地価がいくら上昇しても国家経済には少しもプラスにならないし、不動産売買をやりたい人は自己責任においてやるべきであって、多くの人々から集めた銀行の金を使うのは間違っている。

戦前の日本の金融機関には、株や土地の売買に投資してはならないという不文律があったが、戦後はこの不文律が無視され、ある銀行が率先して投資したら非常に有利な商売になった。そこで、他の銀行も指をくわえて見ているわけにはいかなくなり、「我も我も」と投資し始めて今日のような事態になってしまったのである。

これは金融機関が本来の立場を忘れ、他人の大切なお金を預かって運用しているのだという自覚が希薄になり、あるべき姿から逸脱した結果である。

これは私の想像だが、「住専処理」策に公的資金を導入する案が出てきたのは不動産会社からではないか。たとえば、銀行から金を借りて一円の値打ちの土地を十円で買ってしまい、九円の損失が出た。この損失を自分でかぶるのではなく、たくさんの業者が肩を並べて政府に働きかければ、なんとかなるのではないかと考えたのだろう。

しかし、政府がなぜ日銀の特別融資を利用しないのかといえば、米国の調査では六十～八十兆円、一説によれば、百兆円の不良債権があるため、どれくらい資金があればいいか見当がつかないからなのだ。そこで、最初に公的資金を出す形をつくっておけば、二度、三度と同じ形で支出させることができる。そういう既成事実をつくるのが六千八百五十億円の意味だったのだ。

私が、政府の「住専処理」をめぐって痛感したのは、今の日本では、いかに「正義」というものが失われているかという思いである。

社会に正しい基準が失われているから、多くの人間が徒党を組んでゴリ押ししさえすれば何でもできる。人々は、それが政治の力だと思い込んでいるフシがある。

しかし、そんな不公正がまかり通る世の中になれば、日本社会はまさに真っ暗闇になってしまう。その意味で、バブルの発生と崩壊は単に経済的な問題だけでなく、二十一世紀の日本がこれからどういう国になっていけばいいのか。その重大な選択を私たち一人ひとりに迫っていると思われてならない。

《2》 歴史に学ぶ〜明治維新から平成不況まで

●「観念論」から「唯物論」への大転換

ふりかえってみれば、我が国は明治元年（一八六八）に明治維新という大変革を経験したが、それ以降は、天皇主権の〝神の国〟という「観念論」を主軸として運営された。

戦前の日本は〝西洋に追いつき、追い越せ〟というスローガンの下、「富国強兵」と「殖産興業」を国是として〝神の国〟の建設に邁進したのである。

そして第二次世界大戦で枢軸国側に立ち、昭和二十年（一九四五）に無条件降伏をした日本は、敗戦を境に国家の価値観を百八十度転換。戦前の観念論を否定した反動で、すべてを「唯物論」でとらえる傾向を主軸に据えた。いわゆる《右》から《左》への大転換は日本社会を根底から揺さぶり、国民の物の考え方に決定的な影響を与えたと思われる。

私自身のつたない経験も混じえながら、この価値転換を歴史的にふりかえってみよう。鎌倉時代から江戸末期までの日本には、仏教哲学を基礎にした日本文化があったが、幕末に欧米諸国から、近代化の象徴の黒船が次々にやってきた。

ボヤボヤしていると、日本はどこかの国の属国になってしまうと感じた日本人は、薩摩藩と長州藩を中心とする武力革命によって明治維新を断行。欧米に比較して日本の近代化があまりに遅れていることに気づいた人々が、天皇を中心とする近代国家をつくろうと努力し、仏教文化を否定して欧米の文化・文明を一生懸命に学んだ。

そして日清・日露の両戦争に勝利する頃、「世界に敵なし」という慢心に陥った日本の支配層は、連合国を相手とする無謀な戦争に突入し、手痛い敗北を味わうことになる。

宗教的に見れば、明治維新以降の日本は、天皇を中心とする「皇室信仰」を主軸に据えた観念論全盛の時代だったと言えよう。

ところが昭和二十年八月十五日、「神の国だから負けるはずはない」と思い込んでいた日本が敗れ、物の考え方がすっかりひっくりかえってしまう。天皇制信仰が雲散霧消すると、今までの考え方はすべて間違いで、もっと合理的で物質的な思考こそ正しいのだというう風潮が非常に強くなったのである。

いわゆる〝観念論から唯物論への転換〟で、私は、こういう価値観の大転換を体験したことは、日本国民にとって必ずしも悪いことではないと思う。一定の文化的な基盤のある国家でなければ、こういう経験を通じて発展していくことができないからである。

それにしても「日本は負けるべくして負けた」。当時、そう感じたのは、私がいわゆる〝大正デモクラシー世代〟だったからだろう。

旧制高校時代から自由主義の空気を胸いっぱい吸って生きていた私は、次第に軍国主義的な国家に傾斜していく日本に対し、〝このままでいいのか〟という疑問を強く感じていた。

その疑問の根元を確かめるために仏教の勉強をしていたので、ポツダム宣言を受諾した時も「遂に来るべきものが来た」という感想しかもたなかった。戦時中に少年期を過ごして、「鬼畜米英をやっつけろ！」というスローガンに鼓舞されて育った世代にくらべれば、あまり強いショックは受けずにすんだのである。

●生き方の基準をつかめない子供たち

こうした経緯を経て、戦後の日本は物質的なものを非常に大切にする社会になった。その流れは現代にも受け継がれ、とにかく物が大切で、金が大事。とにかく強ければ正しい、他人を蹴落としても自分だけ生き残ればいいという、唯物論への無条件の「信仰」が社会全体を覆っているように思われる。

誤解のないように書いておくが、私が言う「唯物論」とはマルクスの史的唯物論だけを指すのではなく、すべての唯物論を含む物質主義的な思考のことである。

この世には「物」だけがあり、正しさや善悪の基準はないというのが究極の唯物論の立場である。したがって、他人が困っていても、生命の危険をおかしてまで助けるのはバカだということになる。知らん顔をして、見て見ぬふりをする方が正しいという風潮が優勢になってしまっている。

戦後の日本社会には、人間は何でもやりたいことをやっていいんだという利己主義の思考が広がり、堅苦しい規則を守る必要はないという考え方が蔓延。規則で締めつけること自体が間違いで、何でも壊すことこそ正しいという考え方が半世紀も続いている。

最近は、若者だけでなく中年も、電車内でちょっと注意したことがきっかけになって暴力沙汰となり、子殺しや親殺し、凶悪な少年犯罪などが頻発する世の中になってしまった。

その遠因は、戦後の日本が「観念論」から「唯物論」の国に転換し、家庭文化が壊れてしまった点にある。家庭文化とは何かと言えば、親が子供に「これは間違いだからやってはいけない、これは正しいことだからやりなさい」という、最低限の基準を教えることに他ならない。

ところが、「唯物論」全盛の時代に育った子供たちが親になると、子供に自信をもって善悪の基準を教えることができない。現代の子供たちは親が何も教えてくれないまま身体だけ大きくなり、生き方の基準をつかめずに途方に暮れているのが実情ではなかろうか。

●「このままでいいのか」という疑問や不満

けれども、どれほど「唯物論」が全盛の世の中でも、人間の社会生活は、金力や権力だけで収まりがつくほど単純ではない。さまざまな争いを力だけで解決できるなら、社会のどの場面においても争いが表面化する。両者が鼻血も出ないほど戦い、どちらかが相手をねじ伏せてケリをつければ、社会全体のエネルギーは非常に減退することになる。

バブル崩壊後の日本に、〝我々の社会が、単に金力や権力によって動かされるだけでいいのか〟という深刻な反省が出てきたのは、そのためではなかろうか。

そして今、〝グローバリゼーション〟という名の新たな国際化の波に洗われ、慢性の長期不況をかかえる日本は、平成十三年（二〇〇一）に、「構造改革」の旗を掲げる小泉純一郎氏を首相に選任。後戻りできない改革に将来を託す選択をした。その背景には、戦後半世紀以上続く唯物論の時代に「これでいいのか」「このままでいいのか」という、多くの国民の疑問や不満があったと思われる。

この国民の声に対して、小泉首相はわかりやすい肉声で「このままではいけない！」というメッセージを発したからこそ、七十～八十％に及ぶ驚異的な支持率を獲得したのである。

それにしても、これからの私たちはどういう「基準」に従って生きていったらいいのか。いよいよその基本を見直さなければならない時期が来たのではなかろうか。

もちろん、生半可な思想を正しいと信じてのめり込むと、とんでもないことになるので注意しなければならないが、何らかの正しい思想を身につけ、それに従って生きることが私たちの人生を意味あるものにすると信じることはもっと大切だ。

「この世界に正しいものは何もない」と主張する唯物論を克服するには、それしかないと思われる。

［第二章］「良い経営」と「悪い経営」はどこが違うか

《1》企業活動に必要な四つの条件

●今後の経済活動に不可欠な視点

現代社会を構成している要素のうち、最も重要なものの一つが「企業」であることは誰もが認めるところである。他にも政府機関や学校、研究所など、さまざまな組織があるが、今日の社会で最も有力な人間集団はやはり企業だと思われる。

そこで私は、とくにこれからの企業において、仏教あるいは仏道的な物の見方や考え方を基準に経済運営が行われなければならないと考えている。

なぜかと言えば、今日までの日本企業の多くは欧米の経営学を基本に置き、利潤の追求を目的として、どういう営利活動を行うかということを中心テーマにしてきた。けれども、これをもう少し冷静に考えれば、企業という人間集団をどう運営すれば、最も効率的に良い製品が生み出せるかということになる。

その点において、仏教が説く人間関係に関する主張はきわめて重要である。実際に、自分の立場だけを一方的に主張すれば相手や周囲のためにならないし、自分のためにもならない。自分の利益だけでなく、一段高い立場から社会のためにどう対処したらいいか考えることが、今後の経済活動に不可欠な視点になるのではないか。

それと同時に、今後は利潤の追求だけに夢中になるのではなく、営利を通じて得た資本を文化的な活動にどう使うか、という考え方も必要だと思われる。

こう書くと、平成不況の真っ只中で苦しむ経営者の中には、「何を甘い事を言っているのか！」と鼻白む方もいるかもしれない。

人間社会の基礎が経済活動にあることは、仏教の立場から見ても当然である。けれども経済はあくまでも社会の基礎であり、その基礎の上に、多様な文化の華を咲かせるのが人間社会であることを忘れてはならない。

今日、二十一世紀を迎えた世界の経済・産業界は、日々変わりつつある。その変化を主導する原理は何かと考えてみると、「物」を尊重すると同時に「心」を尊重する、経済を尊重すると同時に文化を尊重する傾向の深まりである。私は、そういう形の経済運営が強まることを大いに期待したいと思っている。

●貢献度が高い企業は多くの利益が得られる

では次に、どのような企業が「良い経営」で、どのような企業が「悪い経営」なのか。仏道の立場から見て、健全な企業運営に不可欠な条件とは何かを考えてみよう。

言うまでもなく、どんな企業も収益や利潤がなければ維持することができない。それが何から生まれるかと言えば、つまるところ「社会に対する貢献度」に他ならない。社会に対する貢献度が高い企業は多くの利益を得られるが、貢献度が低い企業の利益は少なく、時には損失金を出すこともある。

この基本に立ち返って多くの企業を俯瞰すると、企業経営が成功するか否かは、以下の四つの条件がそろっているかどうかにかかっているのではなかろうか。

①経済理論上、正しい経営かどうか?
②資本金や土地などの経済力があるかどうか?
③日々の企業活動が正しく行われているかどうか?

④以上の三つの条件がそろっているかどうか？

●バブル期には正しい経済理論が欠けていた

まず第一に、経済理論上正しくない経営は社会が評価しないし、長続きしないというのが最初の条件である。これは、通常考えられている以上に大切なことで、端的に言えば、「何を事業化するのか？」という問題だ。

もう少し現実的に言えば、「何をやれば儲かるか？」という問題で、この事業なら利益が出そうだという事業に狙いを定め、それには何をすべきかということを理論的に構築しなければならない。

日本企業に共通する特徴は、こうした経済理論を軽視することである。俗に「経営は理屈じゃないよ」という言い方があるが、仏教の立場から見ても、「良い経営」の第一条件は正しい理屈で、正しい理論に逆らう企業が長続きするはずはない。

その典型的な例がバブル経済に狂奔した企業群で、当時の日本社会には、健全な市場理論や自由競争に対する確固たる「信仰」がなかった。

多くの企業や金融機関が、人々が営々と築いた貴重な資産を株式や土地に投機して価格の暴騰を招いたのは、正しい経済理論が欠けていたからである。その致命的弱点を外国人投資家に見透かされ、大損をしたのがバブル崩壊の実相ではなかろうか。

次に、②の「経済力」の問題だが、何らかの資本がなければ企業活動を行えないのは常識である。そこで、儲かる可能性のある事業は何かと考えるのが最初だが、それだけで事業ができるかと言えばそうはいかない。金額の多寡《たか》は問わないが、一銭も資本金がなければ企業活動は成り立たない。

製造業であれば、工場用地をどこに確保するかということも重要だ。東京の地価は高いので、地方に工場を建てれば土地は安い。その代わり、交通の便が悪いことをどう処理するか。資本金や土地などの物質的条件を整えることが、「良い経営」を実現するための二つ目の条件である。

●三つの条件のバランスが重要になる

そして「良い経営」の第三条件は、日々の企業活動が正しい理論と適正な経済力に基づき、きちんと行われているかどうかである。
①と②の条件がそろっていても、企業が成功するかどうかはやってみなければわからない。日々の業務が新たな課題を生みだし、それを処理していくのが経営で、最初のアイデアが正しかったかどうか。必要な経済力を持っていたかどうか点検しながら、仕事を続け

ていかなければならない。

従業員の態度がまじめで実行力があり、経営者がやろうと思うことをきちんと実践し、やりたくない事業は、いち早くストップする。そうした社内システムがちゃんと機能しているかどうかは、企業の盛衰を決める重要な要素となる。

これら三つの条件を組み合わせて企業経営は行われるが、四番目に必要なのは、三条件がバランス良くそろっているかどうかである。

毎朝、出社した経営者が従業員と言葉をかわし、経営会議に出席して今後の方針を検討。工場へ出かけて現場を注意深く観察し、従業員を励まして社内の士気高揚に気を配る。経営者のこうした動きの中に、三条件が無理なく融合しているかどうかが重要なのである。

●人間の価値はどう行動するかで決まる

この四つの条件を仏教の立場から見ると、「四諦の教え」に即したものということができる。四諦というのは「苦諦・集諦・滅諦・道諦」の四つの教えである。

仏教の祖である釈尊は、私たちが日々暮らしている現実世界というものを非常に重視された。そして、現実世界に内在している「法」あるいは「宇宙の秩序」をしっかり身につけ、それに従って生きることこそ、人生の価値を最大限に発揮する道であると説かれた。

この「法」あるいは「宇宙の秩序」を正確に理解するには、「四諦」に即して四段階で考えていくとわかりやすい。

まず、「苦諦」はいわば頭の世界で、法というものを倫理や道徳、善悪の基準というように、知的・精神的にとらえる立場である。

二つ目の「集諦」は、いわば物と感覚の世界で、現実の世界を原因と結果の厳密な関係に縛られたものと見なし、物質的な因果律を重視する立場に他ならない。

また、三番目の「滅諦」は行為や行動の世界で、時間と空間というものを重視する立場である。時間と場所というのはきわめて瞬間的で、きわめて局地的なものだが、よく考えてみれば、行為の世界には「今、この瞬間＝現在」しかない。

今、何をするか、今、何をしているかということで、私たちの人生は過ぎていく。その意味で、現在どうかということと、将来どうなるかということは無関係で、両者の時間は切り離されている。

しかも、私たちは地球上に住んでいると言っても、実際に立ったり座ったりしている場所しか占有できない。広大な宇宙の中で生きていると同時に、せいぜい一メートル四方の狭い空間で生きているにすぎないのである。

従って行為や行動の世界から見れば、私たちは時間的・空間的に、きわめて限られた世界の中で生きていると言えよう。

釈尊は、人間にとって頭がいいことは大切で感覚やセンスも大切だが、人間の価値は「どう行動するか」によって決まると考え、この「滅諦」の世界を重視しておられる。

頭がいいだけでは、人間の価値は十分ではない。頭の良さを生かしてどういう仕事をするかが大事である。センスがいいだけでも不十分で、センスを生かしてどういう仕事をするかで、人間の価値は決まると説いているのである。

●最も大切なのは「法」を学ぶことである

さらに、以上の三諦をすべて含むのが「道諦」で、これは丸ごとの現実世界を示している。「滅諦」も現実世界のようにとらえられがちだが、これは、あくまでも「行動」を通してとらえられた世界である。

私たちがどういう世界に住んでいるかと言えば、〝現実の中にそのままいる〟というのが正確な認識だ。それは大宇宙の片隅の地球上だと言えるが、限られた畳の上の空間にすぎないとも言える。そういう総合的な絶対の世界が私たちを取り巻いているのである。

釈尊が説いた「法」あるいは「宇宙の秩序」とは、これら四つの要素をすべて含む現実のことであり、それらの根底を流れる「原則」のことである。

この「法」あるいは「原則」を学ぶことこそ、人間にとって最も大切なことだと釈尊は言われた。

しかし、多くの人々が実際にどんな生き方をしているかと言えば、「頭」に偏《かたよ》って生きるか、「物」に偏って生きるかがほとんどで、とくに現代は「物」で生きようとする人々が多い。

人間社会は、時代によって頭を大切にする考え方と物を大切にする考え方が入れ替わり、社会全体が「右」に寄ったり「左」に寄ったりしながら、右往左往しているのが通常だ。

これに対して釈尊は、「現実世界」というのは頭で考えた思想や、感覚でとらえた物質とは別のところにあり、実際にどう行動し、自分の身体をどう保持するかが大切だと説かれた。

そして、そのことを中心に生きるのが仏道で、そういう生き方をした時、初めて世界の「正しさ」とは何かということが、理屈ではなく身体全体でわかってくると言われた。

結局、私たちはどう生きたらいいのかと言えば、一生懸命、毎日の生活に精を出すしかない。人間にとって大切なことは、日常生活をしっかりさせながら、日々の生活の「基準」がどうなっているかをたえず点検していくことに尽きる。

私たちの行動がその基準（「法」＝「宇宙の秩序」）とぴったり一致した時、私たちは幸福を感じ、自分の人生の可能性を最も高度に発揮することができる。人間の「現実」とはそういうものだと、釈尊は教えてくれているのである。

《2》この世には「正しい原則」がある

●正しい原則に従う企業が栄える

このような仏道の教えに立脚して企業経営を考える時、最も大切なのは、この世に「正しい原則」があることを認めることである。

日本には、明治維新から第二次大戦で敗れるまで、国家を律する原則（＝天皇制）らしきものがあり、それを中心に運営されていた。

ところが、敗戦時の無条件降伏によって正しいと信じていた原則が、実は正しくなかったということになり、戦後はその反動で、世の中に正しいものは何もない、むしろ正しいと言われるものを壊す方が正しいのだという考えが広がった。

そして、戦後半世紀余が経過し、日本が健全になったかと言えば、決してそうではない。経済界では証券業界の損失補塡に始まり、銀行の無責任経営による不良債権の集積が景気の足を引っ張り、官界では大蔵省や外務省の汚職や機密費隠し、警察官の不祥事などが相次ぎ、国民の政治不信や行政不信を増幅。巷には残虐な少年犯罪や強盗殺人、教師によるわいせつ事件などがあふれ、日本人の心は荒む一方である。

私は、このような時代だからこそ、あらためてこの世には「正しい原則」があるということを再確認することが大切だと思う。

それは単に企業経営のみならず、人生をどうとらえ、どう生きていったらいいかを考える際に看過できないものだからだ。

仮に経営論だけに絞ってみても、経済というのは非常に正直なもので、世の中がどう変わろうとも「正しい原則」に従う企業は栄え、それに反する企業は滅びていく。この厳然たる事実は永遠に変わらないと思われる。

●四苦八苦するスーパー・チェーン「ダイエー」

戦後の常識によれば、経済というのはあくまでも物と金の世界で、いわゆる原理・原則とは別の世界と思われがちだが、その考え方は基本的に間違っている。

経済といえども、結局、人間がやることで、いわゆる「経済力」だけが重要なのではない。それより、さまざまに変化する経済情勢を踏まえて、経営者や従業員がどう考え、どう行動するかということが、経営の中心テーマではないのか。どう判断し、どう決断すればいいか考えることが最も重要なのである。

実際、経済に対するこうしたアプローチが希薄になっていることが、今日の日本経済衰退の一因になっている。

明治といわず江戸時代以来、多くの成功した経営者は、何らかの正しい原則をしっかり身につけ、それを経営の基準に据えることによって成功を収めてきた。そういう「原則」を持たないと、好況時には景気が良くても、ひとたび不況に入ると、それまでの長所が完全に裏目に出ることになるだろう。

一例をあげれば、莫大な負債をかかえて再建に四苦八苦しているスーパーマーケット・チェーン「ダイエー」がある。

中内オーナー率いる同社は、高度成長期を代表する花形産業の一つで、次々に店舗を拡大しながら企業規模を大きくしていった。

ところが、いざ低成長期に突入すると、その拡大戦略が裏目に出て、過大な借金の重圧で身動きがとれなくなってしまった。

現在、同社では中内オーナーが経営から退き、懸命に立て直しを図っているが、好況時にも不況時にも通用する正しい「原則」を持たなければ、どんな有力企業も長続きしないことは明らかである。

●「自己責任」の原則と近代経営の確立

松下電器産業の創業者である松下幸之助氏は、日本の主婦の辛い家事労働を軽減してあげたいという「発心」に基づき、電気掃除機や洗濯機などを生産。戦後の日本社会で何が必要とされているか、そのニーズを見事に探り当てて次々とヒット商品を生み出した。

同社の成功は、「社会の役に立つ商品をつくる」という正しい原則に従うことによって実現されたのであり、初めから営利だけが目的だったのではない。

その伝統は今も健在で、バブル経済の絶頂期に各社が競って土地売買に狂奔した時も、同社では本業の事業展開に必要なもの以外、一切土地を購入していない。他社がどうであれ、そのことに手を染めなかったことが今日から見れば正解だったのである。

多くの日本企業が正しい原則を忘れ、誤った方向に流されてしまう背景には、きちんとした「自己責任」という考え方が欠落しているからである。

そこには、〝赤信号みんなで渡ればこわくない〟という横並び意識がはびこっている。ほとんどの金融機関が、大蔵省の護送船団方式に守られながら、とてつもなく馬鹿げた土地投機にこぞって参加したのも、こうした意識の表れである。

このように、日本では個人が〝我が道を行く〟ことを許さない精神風土があるが、もともとアジア・モンスーン地域の稲作文化圏に属する日本では、耕作に従事する人々の「和」

を最も重視し、大勢に逆らうことをタブーとする伝統がある。

しかし、その考え方は前近代的な半封建思想である。この発想を全面的に転換し、個人の創意・工夫と自己責任の原則を社会全体で認めないかぎり、真の意味の近代的な民主国家にはなれない。本来の「近代経営」を生み出すこともできないと思われる。

［第三章］

「正法経営」のすすめ

《1》経済活動に仏道の智恵を生かす

●「企業三十年寿命説」は間違いである

前章で私は、どのような経営にも何らかの「正しい原則」がなければならないと書いた。それがなければ一時的な繁栄はあっても、長続きしないと確信しているからである。

ところが悲しいかな、多くの企業が自社には正しい原則がなかったと気づくのは、製造ミスを犯して社会問題になった時や、売上げが急減して社内がパニック状態になった時である。会社の売上げが順調に伸びて、軌道修正をする余力のある時期に気づいてほしいものだが、大方はそうならない。

私が「正しい原則を持て！」と繰り返すと、何やら硬苦しいものを感じるかもしれないが、たとえば「優勝劣敗」や「自己責任」の原則は、誰しも認めざるをえないだろう。

これらは、お互いに助け合いながら生きる日本的美風と表裏一体の原則で、働く人が幸福に生きられる社会の前提条件である。

ところが、戦後の大企業には戦前の封建的な遺風が継承されたため、「さよう」「しからば」「ごもっとも」とだけ言って、ヌクヌク生きようとする人たちが増えてしまった。

自分では決して責任をとろうとしない彼らの生き方が、強烈なグローバリゼーションの波に洗われ、崩れつつあるのが現代ではなかろうか。

それでは、昔から言われる「企業三十年寿命説」というのは、正しい原則だろうか。私は、これは間違いだと思う。三十年サイクルで人が入れ替わり、取り扱う商品が変わっても、その運営の正しい原則さえ間違えなければ、企業は永遠に続くと思うからである。

たとえば、トヨタという会社はトヨタ式自動織機から出発したが、時代の変化と消費者ニーズに適応しながら、社会が必要とする製品をつくり出すことによって、世界の一流メーカーの仲間入りをすることができた。

また、三井、三菱、住友などの旧財閥グループは、それぞれ独自の「家訓」を持っているが、いずれの家訓にも正しい原則と宇宙の秩序にふれる内容がある。長寿企業の多くは、こうした正しい原則を堅持しているからこそ長寿なのだと思われる。

●坐禅を社員教育に採用した井田両国堂

私が言う「正しい原則」は、それほどむずかしいことではない。個人の生き方で言えば、不遇な時代に腐ることなく、調子の良い時にうぬぼれないようにするとか、頭で解決しようとせず、行動で解決することなどがあげられよう。

結局のところ、経営の「正しい原則」に通底するのは、〝利益だけを追求しようとするとうまくいかない〟という素朴な真実ではなかろうか。

経済行為というのは、需要と供給の相互関係で成り立っているわけで、何よりも両者のバランスが大切である。自社の利益を追求するために、原価を下げて売価を高くするのはいいが、原価を下げすぎて品質を落とせば、消費者の期待に反することになり、市場に歓迎されないのは当然だ。

市場というのはきわめて厳密な測定器の役割をしており、厳しい吟味に合格した商品だけが売れる。多くの企業が鎬《しのぎ》を削る中で市場価格が決まっていくもので、安易な投機行為ではないのである。

とくに、利益と損失の分岐点を示す経営のバランスシートは、非常に厳しい見方をする必要がある。

たとえば、私が顧問をしている株式会社井田産業のメンバーである、株式会社井田両国堂（大正七年創業、連結資本金二億八千万円、本社・東京都台東区浅草橋一―九―二）と、株式会社井田ラボラトリーでは、各事業部ごとに一ヶ月単位で損益計算を実施。その結果を毎月の経営会議の席上で、各部の部長が報告する「月次決算システム」を採用している。これは松下電器と同じ方式だと聞いたが、どこの企業でもできることではない。「月次決算システム」を採用する同社では、それぞれの事業部が毎月の業績に非常に敏感で、その厳しさが今日の同社の好況につながっていると言えよう。

もっとも、毎月報告しなければならない部長たちは大変だが、実力主義の同社では、部長といえども学歴は問題ではない。その代わり、管理職に登用して成績が上がらなければ、すぐ降格させられる。

厳しい実力主義の社風が貫徹しているため、有能な人材にとってはやりがいのある会社である。社内に陰湿な出世競争がなく、きわめてフェアな人事考課が行われているからだ。ちなみに、井田両国堂を中心とする井田グループの企業理念は、以下のようなものである。

　宇宙の秩序（法）に従って生きる誠実な企業でありたい。
　無限の宇宙の中で　時と所を超えた真実なものに従い

広々とした静かな心で　しかも生き生きと
一瞬一瞬の今を真剣に誠実に生きる
そんな企業でありたい。

同社では、社会の役に立つ価値と経済力、そして経営者の人格という三つの総合力で現実に適応し、「宇宙の秩序」に従って経済活動を行うことを目標にしている。

こうした独自の社風が形成された要因の一つに、昭和五十年代から同社が熱心に推進してきた坐禅を中心とする社員教育がある。

現在、井田両国堂では毎年五、六、九、十月の年四回、新入社員や中間管理職四十～五十名が洞慶院（静岡県）という禅寺へ赴き、二泊三日の坐禅修行を実践。また、毎週水曜日の午前中、トップを含む幹部社員が自社の道場で参禅し、道元禅師の「正法眼蔵」の教えを学びながら、日々の心の研鑽と充実に努めている。

坐禅修行とはどのようなもので、現代のビジネスマンにどんな効用があるかということは後述するが、坐禅には、一口に言って人間の心と体のバランスを回復させる素晴らしい力がある。

人間は、心身が正しいバランスを保っていれば、何が正しくて、何が間違っているかを即座に直感的に知ることができる。それが釈尊の教えであり、心身のバランスを培う絶好の手段が坐禅なのだ。

個人の内面のバランスがとれていれば、不必要な競争や足の引っ張り合いは起きない。井田両国堂の社内に、実力主義に基づくフェアな競争の気風が生まれたのは、社員教育に坐禅を採用した結果ではないかと思われる。

●採用する側の人間を見る眼に問題がある

では、次にビジネスマンの生き方に焦点を当てながら、組織と人材のあり方について少し考えてみよう。

著名な弁護士で、平成十一年に整理回収機構社長（RCC）を務めた中坊公平氏は、人が人を動かすためには次の三つの要素が不可欠だと述べている。

まず必要なのは「正面の理」で、正面から相手を正しく理詰めで説得しなければならない。二番目は「側面の情」で、相手の側面から情をかける優しさが必要だ。

そして、三番目に必要なのは「背後からの脅威」。同氏のこうした認識には、人が夢中になって働くのは恐怖や重圧を背中に感じた時だけだという、人間に対するリアルな観察眼が感じられる。

しかし、たしかにプレッシャーは必要かもしれないが、ビジネスマンが一生懸命働くのは、第一に自分と自分の家族を養うためである。そこで給料のアップを目標に努力するが、同時に会社のため、社会のために働かなければ評価されないのも明らかである。

ちなみに読者諸氏は、日本社会の特徴をよく表す次のようなTVコマーシャルがあったことを覚えているだろうか。

深夜、かなり酩酊した一人のビジネスマンがタクシーに乗りこむと、人の良さそうなドライバーがお客にこう尋ねる。

「お客さん、ご機嫌だね。仕事はどっちの関係（＝業種）？」

すると、お客はいかにもめんどうくさそうな声で、

「ああ、人間関係だよ」

と答える。

このコマーシャルは、日本のビジネスマンにとって社内の人間関係がどれほど重要で、主要なプレッシャーの源になっているかを如実に表している。とくに、お互いに相手を選べない上司と部下の間には、抜き差しならない関係があるだろう。

かつて、プロ野球の某監督が「上司よ、鬼になれ！」という本を書いたことがある。私に言わせれば、そんなことをすれば企業は滅んでしまう。

そもそも上司と部下の間に人間的な信頼関係がなければ、企業は存立できないと思うからだ。

だが、現実問題として、心のバランスを欠いた偏執的な上司や、「上」ばかり見て部下をいびる上司に対しては、どう対処したらいいだろうか。こうしたトラブルは基本的に人格上の問題なので、小手先のテクニックでは解決しないし、下手にいじると一層こじれて、人事問題に発展することが多い。

それが、現に働いている管理職であれば、部下への態度をなんとか改めさせるしかないが、企業は幼稚園ではない。人格上問題のある人間は採用時にチェックし、入社させないのが最善の策である。

私は、社員の採用時における最大のチェックポイントは、バランスのとれた人格の持ち主かどうかという点だと思う。高校や大学の成績が良いということだけで、こうした人柄の問題を無視すると、とんでもない人間を入社させる危険があるので注意した方がいい。

社員の採用と教育に当たっては、あくまでも人格的な評価を大切にしながら、一人の人間として処遇することが何より重要だと思われる。

戦後の日本社会はひたすら功利主義に走り、学歴と効率の観点だけで、人間を判断する傾向が強い。

その意味で、さまざまな人事上のトラブルは、主に採用する側の〝人間を見る眼〟に問題があるのではなかろうか。今後の人材選びには、もっと「人格的なバランス」や「全人的な能力」を重視する必要があるのではなかろうか。

●公平な社内競争と「敗者復活戦」

この「全人的な能力」ということで、最近聞いたニュースの中に興味深い話があった。それは、大阪府の某総合電器メーカーが自社のファクシミリ工場で行った「実験」の話である。その工場では、従来の流れ作業による組み立てを一部ストップし、一台のファクシミリを最初から最後まで一人の工員に組み立てさせ、流れ作業グループと効率を競わせてみたという。

すると、当初は慣れぬ作業に戸惑い、流れ作業組に遠く及ばなかったが、工員が作業に習熟するにつれてみるみる効率が上がり、ついに流れ作業組を上回る数字を記録した。この実験のミソは、それぞれの工員が組み立てたファクシミリの裏側に、自分の名前をサインして出荷させたことである。

現在、米国の製造業の現場では、単調な流れ作業が従業員の意欲を阻害し、工場の生産性が上がらないという悩みに直面している。

このメーカーの実験は作業効率の点において、従業員の「全人的な能力」を見直すことの重要性を示唆していると思われる。

いずれにしても、これからの会社経営において人材をどう生かすか考える場合、次の三つの要素が大切になるだろう。

第一に「実力主義」を貫くこと。〝優勝劣敗〟がこの世の法則である以上、不自然な情実や年功序列に従うのではなく、個人の持つ実力に応じて処遇するのが当然である。多くの日本企業には、まだその社風が十分に育っていない。

第二の要素は実力主義とセットで、従業員の誰もが納得する給与システムを整備すること。公正な人事考課は、従業員が業務に打ち込むための前提条件である。給与に不明朗な部分がある企業は、足元から崩れていくことが多い。

そして第三に必要なのは、従業員に対する経営者の思いやりと温情である。いくら「実力主義」を貫くといっても、人間を使い捨てにするような人事政策を行えば社員が動揺し、決してプラスにはならない。功利的な見方だけで人事を行うと、予想以上に悪い影響を与えることがあるので注意したい。

経営者は、常に人が人を使うことのむずかしさに思いをめぐらし、思いやりの心で温情をかけることを忘れてはならない。

徹底的な実力主義を貫く井田産業グループでは、実力があると見込んだ人材を課長や部長に抜擢。仕事をさせてみて、業績を上げられなければ容赦なく降格するが、基本給には手をつけず、本人がより能力を発揮できるポストに配置変えするという。

こうした公平な競争と「敗者復活戦」によって、同社の社員は他社の社員に見られない働きぶりを見せると言われている。

《2》 私の生い立ち～仏教及び坐禅との出会い

●「真の自己」と出会うまで

では、このへんで少し話題を変えて、私自身の生い立ちを混じえながら、なぜ私が仏道へ入り、毎日欠かさず坐禅をするようになったかということを記しておこう。

私は五十年余にわたってサラリーマン生活を続けながら、仏道の普及に微力を尽くしてきたが、自分の人生に基本的に満足し、今後も現在のような生活をできるだけ長く続けたいと思っている。

それは、ひとえに仏教や坐禅の研鑽を通じて「真の自己」と出会うことができたと思えるからである。

ここに、その軌跡の一端を記すことによって、多くの読者が幸福で充実した人生を送るためのヒントにしていただければ、これに勝る喜びはない。

私は、大正八年（一九一九）十一月二十九日に横浜で、元福岡藩士の次男である父と、元旗本の次女の母との間に生まれた。

後からふりかえれば、私が育った家庭にはとくに宗教的な雰囲気はなかったが、身体が小さく病弱だった私を心配した父は、毎日数キロメートル走ることを日課として与えた。そこで私は小学校低学年の頃から、父の命ずるままに毎日走っていたが、その激しい運動の最中に、心が非常に落ち着いて冷静になれる境地があることを知った。この経験が後に坐禅に取り組む下地になったと思われる。

やがて、旧制静岡高校に入学した私は陸上競技部に籍を置き、自分の限界に挑戦するような意気込みで練習。学校の授業より、グラウンドでの練習を優先させる日々が続いた。その頃から、身体を鍛錬している時に得られる、心の落ち着きは何なのかと考えるようになった私は、古今東西の思想の中から、身体の鍛錬を通じて真実に迫る思想を模索するようになった。

折しも、当時の高校生の必読書だった『日本精神史研究』（和辻哲郎著）の「沙門道元」という一節に強く魅かれた私は、昭和十五年十月、禅の高僧の沢木興道老師が栃木県の大中寺で参禅会を開くことを知った。

そこで、さっそく参禅させてもらったが、その参禅会の講義テキストが、道元禅師の『普勧坐禅儀』という本だった。これは、中国から帰国した師が最初に書いた「開教宣言」

というべき書物で、なぜ坐禅をするのかということや、具体的な坐禅の方法などが記されている。

当時は日本全体が右翼思想に染められ、次第に戦時色が濃くなる時代だったが、沢木老師はその講義の中で、再三再四「右翼も誤り、左翼も誤り」ということを主張された。その頃は、とくに右翼思想に対する批判が言論統制の対象になっており、特別高等警察（特高）の耳にその言葉が入ろうものなら、容易ならぬ事態が想定された。

にもかかわらず、沢木老師が右翼、左翼双方の主張を批判しながら、「中道」の意義を説く姿に感動した私は、中道を説く仏教思想にこそ、深い真実が隠されているのではないかという実感を持ったのである。

以後、私は機会あるごとに老師の講話を聞くとともに、道元禅師の主著である『正法眼蔵』を読むようになり、その習慣は大学へ入学後も、卒業してからも続いた。

●坐禅がサラリーマン生活の支えとなる

こうして大学を卒業した私は、昭和二十二年十月からサラリーマン生活を始め、最初の二年半は大蔵省に奉職し、その後、証券市場の金融機関である日本証券金融株式会社という会社に勤務することになる。

当時は、同社の創業期で規則らしい規則もなく、しばらくはかなり向こう見ずな生活が続いたが、創業から七年ほど経つと組織も整い、安定化の傾向が出てきたように思う。

そうなると世の常で、社内に新たな派閥を作る動きが出てきたが、学生時代から坐禅に親しみ、名利を求める心から離れることを生活信条としてきた私は、そうした動きになじめなかった。自分にとって不利と知りつつ、局外から派閥批判をする立場に身を置いたのである。

その結果、地方支店へ転勤させられた私は、さらに馘首《かくしゅ》の危機にさらされたが、支店駐在役員や支店長の配慮によってクビになることだけはなんとか免《まぬか》れた。しかし、薄氷を踏むような日々であることに変わりはなく、このままではいけないという焦りを感じた。

そんな生活の中で、私にとって絶対の支えになったのは坐禅だった。当時の私は、朝出勤してもいつなんどき不測の事態が起きるか分からないので、出勤前に必ず三十分、そして、就寝前に三十分坐禅を行うことにした。たとえどんな事態になっても、淡々と応じられる平静な心身を保つ必要があったからである。

こうして毎日坐禅をやるようになってから、三ヶ月程度経ったある日、ふと気づいたのは、坐禅をやるようになってからと、やらなかった前とでは、毎日の生活の気分が違うということだ。

坐禅を始めると毎日が穏やかでのんびりしているが、同時に適度な緊張感を持続することができ、やりたいことを比較的素直にやることができるようになった。そこで、それ以後は適度の緊張と落ち着きが混在する、イキイキした生活を維持するため、一日も坐禅を欠かすことができなくなったのである。

こうして支店勤務を無事終えた私は、五年半後に本店に戻ったが、一ヶ月後に関連会社へ出向することになる。その会社でクサることなく、新しい仕事に全力を傾けて七年半の歳月が過ぎた。

このまま移籍するのかと思っていたら、再び復帰命令が出て、本社の調査部長に就任。その後、常任監査役として役員の列に連なり、サラリーマンとして一応の成果を収めることができたのは、大変ありがたいことだと思っている。

●井田日出男氏との出会い

この間、仏教思想への関心を元に独自の研究を続けた私は、昭和四十二年（一九六七）に『仏教——第三の世界観』（金沢文庫刊）を上梓することができた。これは、いわば私の立教宣言と言える本で、道元禅師の正法眼蔵を読んで得た仏教観をできるだけ平易にまとめたものである。

その後、同四十四年から本郷三丁目の東京大学仏教青年会で正法眼蔵の講義を始め、四十五年には『現代語訳正法眼蔵』第一巻を自費出版した。これは、一般に難解と言われる正法眼蔵を、なんとか現代人に読めるものにしたいという使命感に発したことだったが、サラリーマンの私にとって高額な出費になる。正直に言えば、目をつぶって清水の舞台から飛び降りるような気持ちだった。

けれども、こうした活動を続けるうち、いずれ正式な僧侶にならなければならないという考えが強くなった私は、縁あって昭和四十八年十二月十六日、東京都西麻布の永平寺別院において、永平寺副貫首、丹羽廉芳老師のご指導を得て「得度式」を行うことができた。

そして、五十二年二月十日に長老の資格を得る「法戦式」を行い、同年十二月十六日に丹羽老師から釈尊の弟子の摩訶迦葉尊者以来、第九十世の「嗣法」を許され、住職の資格を得ることができた。

仏教や正法眼蔵の思想に魅かれて、仏道修行をしている間に、必然的な成り行きとして出家するに至ったのである。

私は同四十四年から、東大仏教青年会や永平寺東京別院などで正法眼蔵の講義を始めたが、その会に井田グループの現会長である井田日出男氏が熱心に通って来られた。

同氏はきわめて物静かな方で、永平寺の別院や静岡の洞慶院で行われた、泊まり込みの参禅会にも熱心に参加。五十三年四月、私が四人の希望者に在家のまま仏弟子になる「授戒」の式を初めて行った時、その中の一人となった。

そして同年六月、井田氏から同氏が社長をしている株式会社井田両国堂の創立六十周年記念事業として、私の正法眼蔵に関する講義をどうかというご提案をいただいたのである。当時の私は、そのような機会があればぜひやってみたいと思っていたので、二つ返事でお引き受けし、毎週木曜日夜の講義を始めることにした。また、同社の社員を対象に二泊三日の参禅会を実施。これがご縁となって同社顧問となった私は、毎月の経営会議に出席して経営上の相談を受けたり、社員のための参禅会で仏教講話などをやらせていただいている。

こうして私は、人生のライフワークにしたいと思っていた仏教思想の普及という大仕事を、定年後もサラリーマン生活を続けながら継続できる幸運に恵まれたのである。

《3》 仏教とは何か、坐禅とは何か?

●現実を肯定する「中道」の教え

それでは、私が出会った仏教とは、一体どんな思想なのだろうか。ここでは道元禅師の

「正法眼蔵」に沿って、仏教思想の基本的な原理について考えてみよう。

仏教という思想を特徴づける第一の特徴は、私たちが暮らしている〝現実を肯定する思想〟だということだ。この点は、現実を否定することが多い西洋の宗教観からすると、理解しがたいことかもしれないが、仏教では礼拝に値する最高の価値として「仏・法・僧」の三つをあげている。

「仏」とは仏教の開祖である釈尊のことで、坐禅などの仏道修行を経て、釈尊と同一の人格になりえた人々も含まれる。

次の「法」とは、私たちが住んでいる宇宙の秩序であり、宇宙そのものや現実世界そのものを意味する。

釈尊は、私たちがこの「法」、すなわち現実世界を支配する秩序があることに目覚め、これを肯定しながら生きていくことを勧めている。

そして三番目の「僧」は、釈尊の教えをこの世の唯一の真実と信じ、日々仏道修行に励む人々のことで、在家の男女で仏教を信仰する人々も含んでいる。

仏教とは、まず一切の先入観を捨てて、現実世界に没入することを教える哲学である。その思想は、私たちが住んでいる宇宙や人間を「精神」や「物質」に分類し、真の現実とは異なる考え方に固執する「観念論」や「唯物論」を排するものである。

釈尊は二つの考え方のどちらも誤っており、人間を幸福にしないことを見破り、「物心一如」を旨とする「中道」の教えを説かれた。

私たちが住んでいる世界を精神と物質が渾然一体になった現実ととらえ、現実すなわち「法」にこそ謙虚に耳を傾け、法に従って生きるべきだと説いたのである。

●今、現在の「行為」を大切にする

思想としての仏教の第二の特徴は、現在の瞬間における自分自身の行為を大切にすることである。

仏教は、通常考えられているよりきわめて合理主義的な思想であり、この世のすべては一分の狂いもない因果関係によって束縛されているという。

いわゆる「十二因縁」がそれで、何の秩序もない無意識（無明）から行為（行）が生まれ、行為の結果として意識（識）が作られる。

意識が作られると、それに対応した客観世界（名色）が意識され、それを感受する六つの感覚器官（六入）、すなわち眼・耳・鼻・舌・皮膚・感覚中枢が機能を発揮する。

その結果、接触（触）があり、感受（受）があり、愛着（愛）が生まれ、愛着が取得（取）という行為をうながし、取得が所有（有）という状態を結果する。この所有が人間に生存（生）の実感を与え、生存はやがて老衰や死（老死）につながると説く。

これが仏教の「因果論」の骨子で、物質的な要素と精神的な要素がお互いに依存関係にある因果であって、「唯物論」の説く決定論的な因果論とは一線を画している。

これによれば、私たちは因果関係の連鎖に縛られていることになるが、この束縛の連鎖を断ち切って私たちに自由を与えてくれるのは、現在の瞬間における私たちの行為だけである。

このように仏教は、人間が物を考える働きから「観念論（唯心論）」が生まれ、物を感じる働きから「唯物論」が生まれたように、人間の「行為」という観点から世界と人間を見直そうとした哲学なのである。

この「行為」を具体的に表現したものが「八正道」である。

釈尊によれば、正しい考え方（正見）、正しい思惟（正思）、正しい言葉（正語）、正しい行為（正業）、正しい生活（正命）、正しい努力（正精進）、正しい想念（正念）、正しい安定（正定）の八つを実践することで、人は因果関係の中にありながら初めて自由を享受し、幸福を得ることができる。

けれども、あまりに非力で間違いばかり犯している私たちが、「八正道」を実践するにはどうしたらいいのか。

この疑問に対して釈尊は、ひたすら坐禅を行うことによって人は真理の海に没入し、宇宙の秩序と一体になることができると教えている。すなわち坐禅こそ仏教思想の原点であり、人がめざすべき究極の境地なのである。

●坐禅とは心身の状態を正しくすること

仏教では「修行」を重視するが、これは「行為」の実践を意味する言葉である。その意味で、坐禅も仏教における修行、すなわち行為の実践であり、何かを「考える」ことではない。さまざまなことを考える私たちの頭の働きを一時とめて、何も考えずに座っている状態を楽しむ行為と言えるだろう。

道元禅師はその著作中で、坐禅の説明として「非思量」という言葉を使っておられる。これは「坐禅とは考えることではない」という意味で、坐禅の本質を端的に表したものだ。

過去の坐禅の歴史には、仏弟子が「公案」と称する宿題を与えられ、それを坐禅中に考えるように指示される「看話禅」と、ひたすら座ることに意味があるとする「黙照禅」の二つがある。

一般にはどちらも坐禅と見なしているが、私には、前者がめざしているのは仏教とは別ものである気がしてならない。

いずれにしても、坐禅は異常な体験をすることではない。

古代インドの地に生まれた釈尊が、坐禅をしながら明けの明星を眺めた瞬間に悟ったの

非思量

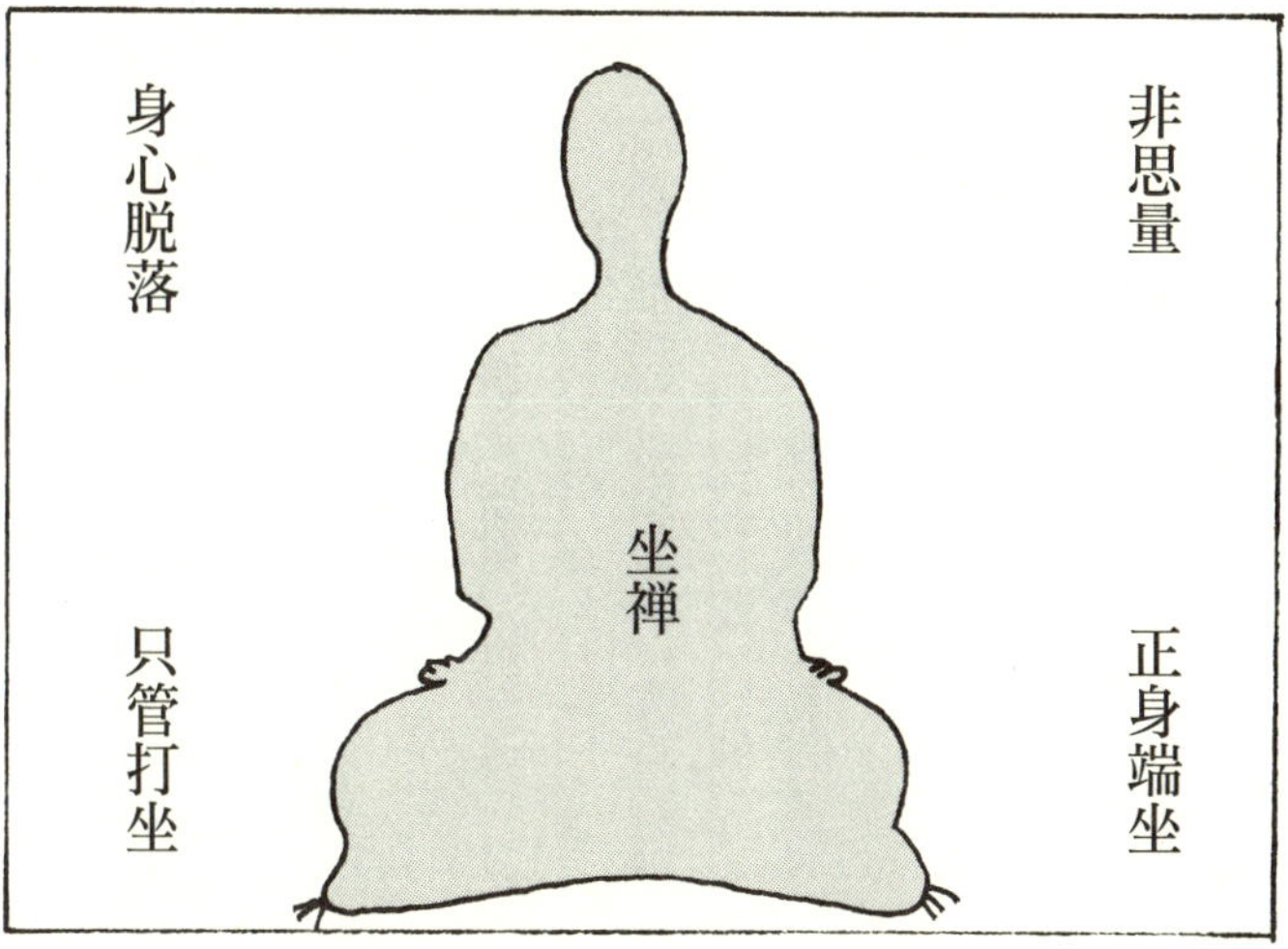
非思量
正身端坐
坐禅
身心脱落
只管打坐

は、ありのままの世界がいかに美しくすばらしいかということだった。

仏教の究極の目的は、私たちの住んでいる現実世界が、本来は真実の世界であることを心の底から納得することである。そして、坐禅の第一目的は、さまざまに歪められている私たちのものの見方を、本来の正しい状態に引き戻すことなのである。

道元禅師は、坐禅の本質を表現する二つ目の言葉として「正身端坐」という言葉を使う。これは「身体を正しくしてきちんと座る」という意味で、私たちの身体が歪んでいれば、心も必然的に歪まざるをえない。心が歪めば判断も歪み、私たちの人生はどうなるか分かったものではないという厳粛な事実を述べたものだ。

実際、坐禅によって生まれるスッキリした心境は、坐禅の前にいくら想像しても想像できないから不思議である。

坐禅によって身体を正しい状態に置くと、ふだんあまり使わない筋肉が使われ、血液の循環が良くなって眠っていた神経が呼びさまされるなど、さまざまな変化が起こってくる。その意味で、坐禅は最も静かな心身の運動だと言えるかもしれない。

●坐禅によって自分自身を取り戻す

また、坐禅はふだん見失っている自分を取り戻す行為でもある。

私たちは毎日ものを考えたり、外界のさまざまな刺激を受け入れるだけの生活を送っていると、自分自身を取り戻す時間を持つことができない。

だが、人間は家庭で食事をしている時も、会社で仕事をしている時も、自分自身をしっかり把握していなければならない尊い生物である。現代社会における自己喪失は人間の宿命で、必然であるかのようなものの見方は、現代人の「甘え」ではなかろうか。

自分こそ私たちが失ってはならない尊厳の源泉で、自分をしっかり見つめて取り戻す時が坐禅の時間である。

これを道元禅師は「自証三昧」とか、「自受用三昧」という言葉で表現している。前者は自分自身を体験する境地のことで、後者は自分自身を受けとめて使いこなす境地のことだ。

『正法眼蔵』には、「仏道をならふといふは、自己をならふなり。自己をならふといふは、自己を忘るるなり」という有名な言葉がある。「自己を忘るる」というのは、理屈ではなく身体全体で自分自身を勉強することに他ならない。

実際に坐禅を続けていくと、不思議に自分自身が見えてくるが、自分自身が見えるということは、私たちを取り巻く広大な宇宙の存在に気づくことでもある。

仏教は「尽十方世界」という言葉で、あらゆる方向に広がる一切の世界を示すことがあるが、そうした全宇宙的な立場から、現実世界を見直すことも仏教思想の大切な一面である。

正法眼蔵では、坐禅の境地を「法性三昧」という言葉で表すが、これは、坐禅が私たちの住む宇宙と一体になった境地に他ならないことを示していると言えよう。

《4》 坐禅の効用と「正法経営」

●気持ちが落ち着いて心の歪みがとれる

ところで、読者の中には「仏教と坐禅の基礎は一通り分かったが、坐禅のような古臭い修行にどんな効用があるのか?」と疑う人もいるだろう。

そこで、実際に坐禅をやった場合、私たちの生活にどんな効用があるかということを、私自身の体験を混じえながら述べてみよう。

ただし、注意してほしいのは、本来の坐禅は何らかの効果を求めてやるものではないということ。仏教及び仏道信仰とともに発展した坐禅は仏行そのもので、信仰に燃えて日々実践してこそ意味があるのだ。

実際、さまざまな効果を目的に坐禅を行っても長続きしないことが多い。長続きさせるためには、仏教への関心を持ち続けるとともに、仏教を自分の信仰として貫くかどうか、はっきり決断しておく必要があるだろう。

従って以下のような効用は、仏行としての坐禅を続けると、自然にこうした結果になるという意味で受けとめてほしい。

私が実感する坐禅の効用の第一は、「気持ちが落ち着く」ことである。こう書くと、「なんだ、そんなことか」と笑う読者もいるかもしれないが、ふりかえってほしいのは私たちの毎日の心の有り様である。

私たちは、自分の心の中に恐れや不安、不満、自堕落、無気力、成り行き任せの感情があるにもかかわらず、何でも周囲の環境のせいにして、自分自身が元凶であることを認めない傾向がありはしないか。第一章で書いたように、バブル経済を起こした責任をとらない金融機関や大企業の幹部にその傾向が強いと思われる。

坐禅を続けていると、そうした自分自身の心の有り様がはっきり見えてくる。そして、三~六ヶ月程度経過すると、いつのまにか心の中の恐れや不安、不満、自堕落、そして成り行き任せの感情が消えているのに気づくはずだ。

これは決して不思議なことではなく、もともと自分の心が自然であれば、恐れも不安も無気力もなかったのである。

ところが、過去の行為の積み重ねによって、これらの感情が心中に堆積してくると、人は好ましくない心の状態を自分の「性格」だと思い込む。

そして、心のチリを取り去る努力をしないだけでなく、同様の行為を繰り返すことによってさらに事態を悪化させていく。

朝晩、坐禅を繰り返すことによって心を落ち着いた状態に置くと、こうした歪みが次第に解消していくことに気づくだろう。

人によっては、早朝の散歩やジョギング、冷水浴、竹刀の素振り、ゴルフの練習などによって、心の落ち着きを得ている人もいる。

それはそれで結構だと思うが、私は心の調整法の中でも、坐禅が最もやさしい身近な方法ではないかと思っている。

坐禅によって心を落ち着かせて出勤すれば、上司の命令をこなす忍耐力が生まれ、自分の意見を具申しながらも、相手の感情を傷つけないやさしさや柔軟性が身につくはずだ。

また、同僚と協調性を保てるだけでなく、相手の立場や感情を刺激せずにものを言う心のゆとりが生まれてくる。部下の信頼や尊敬を得て、適切な指示を与える余裕も生まれてくるだろう。

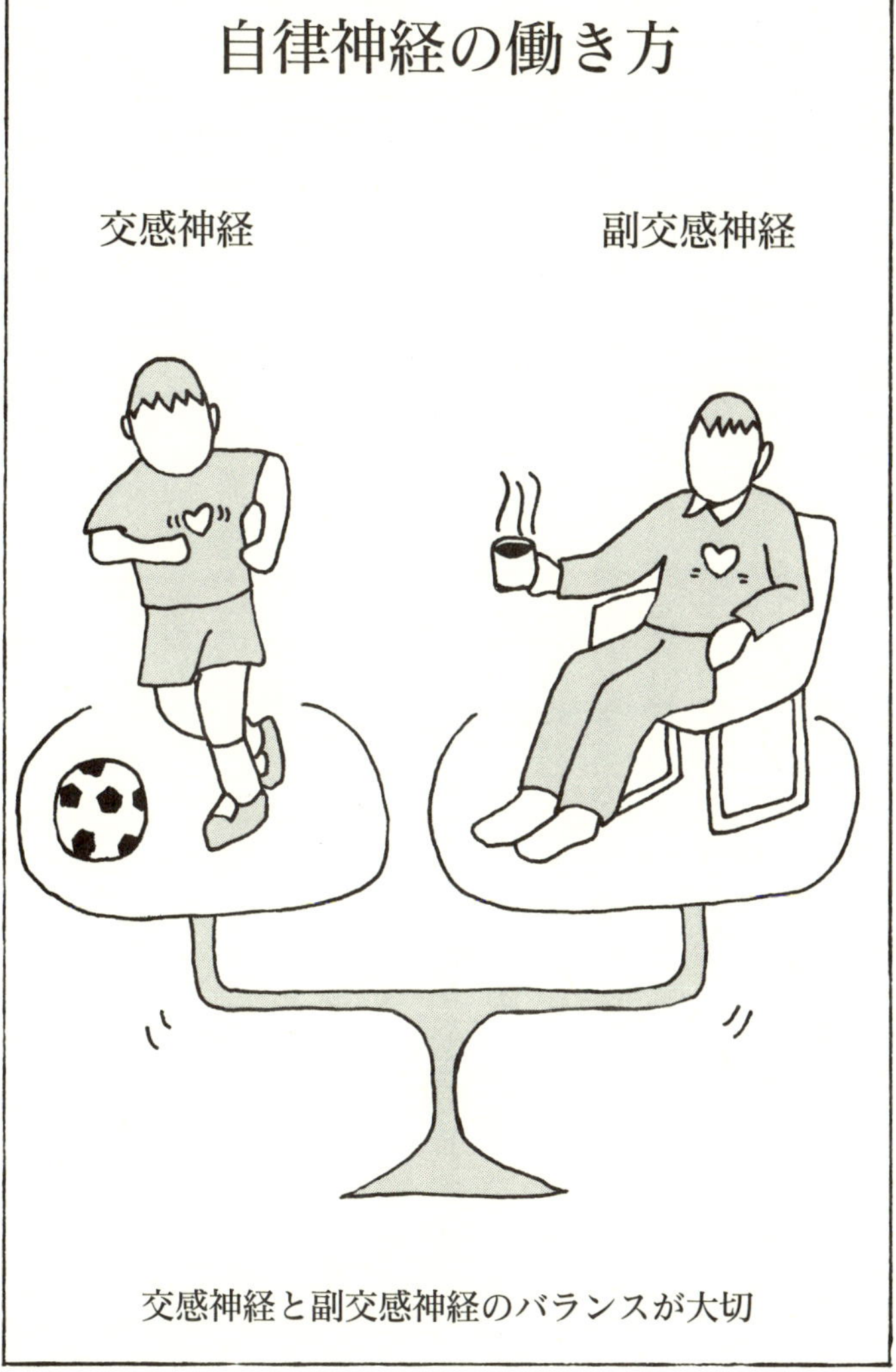

交感神経と副交感神経のバランスが大切

●「身心一如」で健康を維持できる

前述のように、「身心一如」を説く仏教では、人間の身体と心は表と裏のようなもので、身体が健全なら心も健全、その逆もまた真なりと考えている。

実際、坐禅によって気持ちが落ち着くのは、背骨が真っすぐ正され、筋肉の状態や血液循環が正され、神経まで正されるからである。

仏教では、身体が正しい状態に入った瞬間から健康が実現すると考えているが、健康を代表する二つの要素として、背骨の正しさと自律神経のバランスについて考えてみよう。

まず背骨だが、『普勧坐禅儀』には、坐禅の要諦として背骨が前後左右に傾いてはいけないと書かれている。かがみがちな腰骨をしっかり立てて、その上に背骨を真っすぐのせ、腰骨・背骨・頚骨が垂直になるように努力しなければならない。

最初は辛いかもしれないが、そのうち背骨を真っすぐに保つ筋肉が発達し、坐禅以外の時も背骨を正しい状態に保つことができるようになるだろう。

しかし、背骨を真っすぐに保つことがどうしてそんなに重要なのだろうか。

私たちの腰骨や背骨・頚骨は、小さな臼のような椎骨が三十二〜三十四個積み重なった形でできており、椎骨が正しく重なっていれば問題はないが、何らかの理由で歪むと亜脱臼状態になる。

すると、椎骨と椎骨の間に極端に狭い部分ができ、椎間を通る神経が圧迫されて、その機能が弱まったり失われたりすることがある。神経機能にこうした異常が生じると、それに関連した内臓や、その他の器官に障害が発生するのである。

今日の医学界では、私たちが通常襲われる病気のうち、非常に多くのものが、こうした脊椎の歪みに起因するという説が有力になっている。

背骨と並んで、もう一つ重要なのが自律神経のバランスである。

詳しい説明は次章に譲るが、私たちの体内の神経組織は大きく二つに分けられる。

一つは「脳脊髄神経系」と呼ばれるもので、私たちが物を見たり、音を聞いたり、暑さ・寒さを感じる時などに役立つ神経系だ。

もう一つは「自律神経系」と呼ばれ、主に内臓などに分布して、意志とは無関係に働く神経系である。

おもしろいことに自律神経系は、正反対の働きをする「交感神経」と「副交感神経」の二つに分けられる。たとえば心臓では、交感神経がその働きを強め、副交感神経が働きを弱める方向に作用するが、胃腸などの消化器官は、交感神経がその活動を抑制し、副交感神経が活動を促進する働きをしている。

さまざまな刺激にさらされて暮らす都会人の中には、この自律神経のアンバランスに起因する病気に苦しんでいる人々が多い。心臓の不整脈や慢性の下痢、胃潰瘍や十二指腸潰瘍、不眠や心身症などの不調に悩まされている人々は予想以上に多いのではないか。

この自律神経のバランスをとるという点で、坐禅はかなり重要な意味を持っている。私は、古来、坐禅の内容として使われる「等」や「定」という言葉は、体内の交感神経と副交感神経のバランスを示していると見てまちがいないだろうと考えている。

すなわち坐禅とは、交感神経と副交感神経のバランスをとらせる行為であり、この二つが均衡したところに生まれる身心の健康を約束する養生法なのである。

●坐禅によって実行力と抑制力が身につく

この自律神経のバランスという問題は、人間の実行力や抑制力の問題とも密接な関連がある。

話を分かりやすくするため、人間の身体を自動車にたとえると、交感神経はアクセルで、副交感神経はブレーキの役割をしている。アクセルとブレーキがそれぞれの機能をバランス良く発揮している時、私たちの身体は健康で、最も活動しやすい状態にある。

自動車というのは、アクセルとブレーキがその機能を発揮している時だけ、なめらかな運転ができる。

同様に、私たちの体内で交感神経と副交感神経がバランス良く拮抗している時、私たちはやろうと思えばなんでもやれ、止めようと思えばすぐ止められる実行力と抑制力を発揮できるのだ。

ところが現実には、勇気と実行力のある人に限って行動の押さえがきかず、何でもやりすぎて顰蹙《ひんしゅく》を買う傾向がある。そうかと思うと、あらゆることに慎重で抑制がききすぎ、何もやらずに貴重な人生を空費してしまう人々がいる。

私たちが実行力と抑制力を身につけるためにも、坐禅によって自律神経のバランスを保っておく必要があると思われる。

●『正法眼蔵』と道元禅師

前述したように仏教の開祖・釈尊は、現実世界を支配している法則を「法」(=宇宙の秩序)という言葉で表現された。道元禅師の著作『正法眼蔵』の「正法」というのは、釈尊が説かれた正しい現実世界のことで、現実世界を支配している法則という意味でもある。

また「眼」というのは目玉のことで、非常に大切な部分という意味、「蔵」はそういう大切なものがしまってある場所という意味である。すなわち『正法眼蔵』とは、釈尊が説かれた教えの中で一番大切な法則が入っている所という意味になる。

この本を書いた道元禅師は、正治二年(一二〇〇)、当時の内大臣久我通親と、藤原基房の娘だった伊子との間に生まれた。母親の伊子は通親の側室だったので、禅師は必ずしも恵まれてはいなかったが、幼時から英才教育を受けたようである。

しかし三歳の時に父親が亡くなり、母方の叔父の松殿師家の養子になるが、八歳で母親とも死別し、幼少時から孤独な境涯にさらされることになる。

そして、十三歳になると、母の希望もあったとみえて松殿家を脱けだし、三井寺の良顕和尚を訪ねて、出家の意志を打ち明けた。翌年、十四歳で比叡山に上って名を仏法房道元と改めた禅師は、一生懸命、仏道修行に励んだのである。

ところが、まもなく道元禅師は比叡山における天台宗の教理に疑問を感じるようになる。というのも、天台の教理では、人間というのは非常に優れた性質を持っているので、あまりクヨクヨ心配する必要はないということが説かれていた。それを聞いた道元禅師は、そんなに素晴らしいなら、なぜ私たちは修行するのかと考えた。

そこで、比叡山の高僧といわれる人たちに質問したが、満足な答えを得られなかったため、十五歳で下山。京都の建仁寺に栄西禅師を訪ね、同師が亡くなってからは、その弟子の明全に師事した。

やがて二十四歳の時、日本では仏教の勉強が十分できないと感じた禅師は、明全と一緒に中国に留学して四年間を過ごす。そして、中国に滞在すること二年、二十六歳の時に天童山で、生涯の師となる如浄禅師に出会う。

こうして中国曹洞宗の法系に列する如浄から、仏道の真髄を伝授された道元禅師は二十八歳で帰国。建仁寺に入って『普勧坐禅儀』を著し、京都における布教を経て『正法眼蔵』を書き始めたのである。

●自律神経のバランスと「正法経営」

この『正法眼蔵』には、なぜ仏教が現実世界を肯定し、「法」を尊重するのかということが書かれている。道元禅師によれば、その理由は、私たちが陥りがちな二つの道を避けるためである。

その一つは、人間の「頭の働き」を極端に重視する道である。たしかに頭の働きは大切で、それが文明を進歩させてきたわけだが、仏教では、頭の回転だけが人間の価値のすべてで、頭さえ良ければなんでも解決できるという考え方に疑問を持つ。

なぜなら、頭の中で考えたことと現実はかなり異なることが多いからだ。実際、現実離れしたイメージの中で、「ああしたい、こうしたい」と考え、無理に実現しようとして挫折したことは、誰でも一度や二度は経験しているのではないか。

人は、そういう痛い目に会って初めて、頭で考えることも大切だが、現実そのものが非常に大切だということに気づくのだ。

ところが、現実が大切だということが分かってくると、その反動で、別の道に迷い込む危険がある。それは、現実というのはどうせ思いどおりにいかないのだから、のんびり楽をして、働くより寝ていようと考えてしまうことである。

その時点で人生にケリがつけば問題はないが、こういう生き方をしていると、何のために生きているのか分からなくなってくる。そのうえ、毎日寝ていれば楽かと言えば、必ずしも楽ではないことに気づくだろう。

それでは、どうしたらいいのか。

この問題を突き詰めた釈尊は、まず、人間が陥りやすい二つの道から離れることを提唱。そのうえで現実をよく観察し、現実あるいは法に従って生きることが、人間にとって唯一幸福な道だと考えた。

頭の中であれこれ夢を描くことは大切だが、夢を実現するには、現実を知らなければならない。現実をよく勉強した上で、夢を実現していく必要がある。現実をよく見て、現実そのものに教えられて生きていくのが、私たちが幸福になる唯一の道だと説いたのである。

そして、そのために何をしたらいいかということで、釈尊が勧めるのが坐禅である。坐禅によって何をするのかと言えば、現実そのものを勉強するのだと言えよう。

こうして現実が身につき、正しい宇宙の秩序が身についてくれれば、それを基準に自分の身体が自然に動き、間違いない方向へ進むことができる。

頭で考えて「これがいい、あれがいい」と思っても、人間というのはとかく判断を誤ることが多い。自分の判断は間違っているかもしれないと思う気持ちがなければ、重大なミスを犯すことがあると肝に銘じておく必要があるだろう。

とくに現代は、さまざまな「情報」が玉石混淆で錯綜し、何が本当か見極めるのがきわめてむずかしい時代である。こういう時代こそ、坐禅によって自分の身心を正しい状態に置き、現実から学ぶことがいかに大切か。釈尊は、そのことを二千年前に私たちに教えてくれたのだ。

坐禅によって自律神経のバランスを回復した私たちの心は、チリ一つなく磨かれた鏡と同じ状態になり、ありのままの現実を映し出すことができる。そこには鋭い「直観力」が働き、玉石の違いを即座に見分けることができるようになる。

仏教では、その直観を〝般若の智恵〟と呼ぶが、私が提唱する「正法経営」とは、日々の活動にこのような智恵を生かす経営のことを言う。

多くの企業を誤った道に引き込む邪悪な力が充満している現代こそ、こうした「正法経営」を旨とする会社が一社でも増えることを願わずにはいられない。

［第四章］伸びる企業は「宇宙の秩序」に従う

《1》 人も企業もバランスが命

●自分をありのままに置き、積極的に使いこなす

前章までで述べたように、私は、人間にとって最も大切なことは「自律神経」のバランスをとることで、日々の仏道修行は正しい自律神経のバランスを会得することに他ならないと考えている。

日本ならびに世界の仏教界広しといえども、こうした考えを提唱しているのはおそらく私だけだろう。

その意味で私は、自他ともに認める「少数派」だが、最近はヨーロッパの青年たちがこの考えに共鳴し、私が主宰する参禅会に通ってくるようになった。私の考え方はまださざやかな流れにすぎないが、いずれ仏教界に影響を及ぼし、大きな流れとなって世界中に広がる日が来る。私はそう確信している。

坐禅の境地を表す言葉に「自受用三昧」という言葉があるが、「自受」とはありのままの自分を尊重すること、「自用」とは自分自身を積極的に使いこなすことである。自分をありのままに置くためには「副交感神経」の強いことが必要で、自分を積極的に使いこなすには「交感神経」の強いことが必要である。

仏教の始祖・釈尊は、今から二千数百年前にこのことに気づき、人々が坐禅を通じて自律神経のバランスをとることを勧められた。もちろん、その頃自律神経に関する知識があったわけではないが、釈尊の優れた頭脳の働きと真剣な努力が、人間の最も深奥にある秘密を明らかにしたのである。

その意味で、釈尊は私たちの偉大な師匠であり人類の恩人である。

●〝ああしたい、こうしたい〟という焦り

実際に、人間は体内の自律神経のバランスが崩れると、正しい判断や行動ができない。

私の経験では、交感神経が強すぎると、判断や行動が「自分本位」になり、〟ああしたい、こうしたい〟という焦りばかりが募って判断を誤り、結果的に失敗する。

反対に、副交感神経が強すぎると、感覚的には鋭敏になるが、いろいろなことに挑戦してやろうという勇気が出ない。目前のリスクにとらわれてチャンスを逃し、何事もうまくいかない。

これを会社の経営面でみると、積極果敢なチャレンジを行う場合と、リスクを意識して自重する場合の二つあるが、どこでバランスをとるかが非常に重要になってくる。

たとえば、スーパーマーケットのダイエーは高度成長期に事業を大いに拡大したが、そういう時こそ「このままで大丈夫か?」という自問自答が必要だったのだ。

そして低成長期に入ったら、売上げが低迷している事実を率直に認識しなければならない。

ところが、「去年まで売上げが伸びたんだから、今年もうまくいくだろう」と考え、無理な事業拡大を続けた結果が現在の窮状を生んだのである。

デフレ・スパイラルの平成不況が深まった現在、多くの企業は必要以上に萎縮し、新規事業に挑戦する勇気を失っている。

同じことは一般消費者にも当てはまり、財布のヒモをきつくしめて、余分なものを買わない傾向が強くなっている。

こういう時代には、人も企業も交感神経を積極的に働かせてチャレンジする姿勢を強めなければならない。将来に明るい兆しが見えない経済指標に一喜一憂していては、立ち直る機会を失ってしまう。経済が底を打とうが打つまいが、積極的に動いていかなければチャンスをつかむことができないのは自明の理である。

●うぬぼれても卑下しても、現実からずれる

個人レベルの話に戻すと、自律神経のバランスがとれている時は、仕事中に自然に休息と慰安をとることができる。《労働》と《休息》が過不足なく調和しているので疲れないし、仕事の能率も上がって正しい判断を下すことができる。

これを称して「忙中閑あり」というが、自律神経のバランスがとれていると、極度に緊張することがないので、酒や女性・ギャンブルなどの遊びで緊張を解く必要がない。

ところが、バランスを失っている人間は緊張と弛緩の落差が激しく、偏った判断や行動によって失敗するケースが多い。

私自身、若い時にはかなりの酒豪だったが、坐禅によって自律神経のバランスをとり始めてから、お酒を飲んで自分を忘れる時間がもったいなくなり、最近はあまり飲まなくなった。

私たちは、心身の適度な緊張と弛緩ができるようになれば、どんなに忙しくても仕事が楽しくなり、《自受自用》の境地に入ることができるのである。

ちなみに、うぬぼれて自信たっぷりの人は事実を見る目が曇っているため、実際の力以上に自分を評価していることが多い。

仏教では、うぬぼれも自分を卑下することのどちらも現実からずれているため、本当のことは分からないと教えている。

これには恰好《かっこう》のエピソードがあって、旧ソ連のシベリアでは、猟師がワナをかけて平原のキツネやウサギなどの獲物をとるが、自分の技術が高いから獲《と》れるのだとうぬぼれていると、次の猟から全然とれなくなるという。

また、為替相場を張るディーラーたちは、毎日何百億～何千億円もの大金を扱うが、たまたま大儲けして「これは自分に実力があるからだ」とうぬぼれると、次には必ず下落して大損するという。

仏教では、人間の基本的なあり方として優越感も劣等感も持ってはいけないと教えている。人はむしろ、自分の自律神経のバランスがとれていることに自信を持つべきで、うぬぼれそうになったら謙虚に、卑下したくなったら自信を持つようにすることが大切だ。

坐禅を行うことによって、自律神経のバランスがとれれば優越感も劣等感も消え、バランスのよい本当の生き方ができることを釈尊は教えてくれている。

《2》　自律神経の仕組みと働き

●脳と内臓を結んでいる自律神経

次に、自律神経の仕組みと働きについて医学的にもう少し詳しく見てみよう。

人間の体内には、ホルモンが支配する「内分泌系」とともに、身体の微妙なバランスを司《つかさど》るシステムがある。それが自律神経系で、全身に網の目のように広がる壮大な神経ネットワークの一部を成している。

ちなみに、人間の神経は「中枢神経」と「末梢神経」に分けられ、前者は脳と脊髄を指し、後者は中枢神経と身体の組織をつなぐ神経のことである。

後者の末梢神経は、「運動神経」「知覚神経」「自律神経」の三つに分類される。運動神経には脳からの指令に基づき、手足や身体の筋肉を動かす働きがあり、知覚神経は、目や耳、皮膚などの感覚器を通じて、いろいろな感覚を脳に伝える役割を持っている。

そして自律神経は、脳を胃腸や心臓などの内臓と結び、内臓からの情報を脳に伝え、脳からの指令で内臓の働きを調節する役割を果たしている。

このように自律神経には、脳の指令で内臓の筋肉を動かす「下り」の情報と、内臓からの情報を脳に伝える「上り」の情報の二つの流れがある。そのうち「下り」の流れは、脳の指令を手足の筋肉に伝える「運動神経」と似ているが、自律神経は人が意識的にコントロールできず、主に内臓に作用するのが運動神経と違う点である。

●交感神経と副交感神経の相互作用

人間の神経系の一つである自律神経は、人の意志の力によってコントロールできず、無意識のうちに胃腸や心臓などを動かし、内臓の情報を脳に伝える神経である。

この自律神経は、「交感神経」と「副交感神経」の二つに分類される。まず、「闘争の神経」と呼ばれる交感神経は、目覚めて積極的に活動している時に優位に働き、エネルギーを消費する。

これに対して、睡眠時など身体を安静にしている時に働く副交感神経は、エネルギーを蓄積する働きがある。このように交感神経と副交感神経は正反対の働きをするが、どちらが優位になるかは、その時のバランスで決まってくる。

たとえば、心臓がドキドキ速く脈打つのは交感神経の働きで、運動時にエネルギーを運ぶ血液が勢いよく流れるように、心臓の機能を高めてくれる。

また、血管を収縮させる働きもあるが、それによって運動で傷を負った時などに出血を少なくすることができる。胃液の分泌を減らすのも交感神経の働きで、運動したり戦ったりする時、食事をする必要はないからである。

一方、副交感神経の働きはまったく逆で、心拍数を減らして心臓を休ませ、血管を広げて血流を良くし、胃液を盛んに分泌して消化活動を促すことができる。

身体にとって大切なことは、この両者がバランス良く働くことであり、バランスが崩れると、「自律神経失調症」などに陥って変調を来す。そのことは医学的に見ても明らかである。

●ノルアドレナリンとアセチルコリンの働き

では、自律神経が内臓に指令を発するメカニズムはどうなっているのだろうか。その点、交感神経と副交感神経の物理的構造は同じで、とくに違いはない。

両者は非常に細い線維でできており、ともに枝分かれして内臓の細胞につながっている。しかし、その接合部には一万分の一ミリ以下という、ごくわずかなすき間がある。自律神経の末端からホルモンに似た物質が分泌され、このすき間を通して内臓細胞へ情報を伝え

ホメオスタシスが崩れると、どんな症状が起こるのか!?

高血圧

甘く考えるのは要注意。
深刻な病気につながる。

便秘

肩こり

ているのである。

交感神経と副交感神経では、神経の末端から分泌《ぶんぴつ》される物質に違いがある。たとえば、心臓の働きを活発にする交感神経の末端からは、「ノルアドレナリン」という物質が放出され、心臓の働きを抑制する副交感神経の末端からは「アセチルコリン」という物質が分泌される。

人間の身体の状態を一定に保つ仕組みをホメオスタシス（恒常性の維持）という。たとえば、暑い時に全身から汗を出して体温を一定に保つのがホメオスタシスで、この作用に最も深い関係を持っているのが自律神経である。

ホメオスタシスが崩れると、その時の身体の状態に応じて二つの自律神経のどちらかが優位に働き、ホメオスタシスを保とうとするが、そのバランスがストレスによってさらに崩れると、さまざまな症状が現れてくる。

まず、交感神経と副交感神経が同時に刺激されると、継続的な怒りや不安が交感神経を刺激し続け、血管の収縮作用が働いて胃に血液が回りにくくなり、粘膜の力が弱まってしまう。

同時に副交感神経が刺激されると、胃酸の分泌が盛んになって食物を消化する働きが活発になる。ところが、胃の粘膜へ血液が回りにくくなっているので、粘膜が破れて出血したり、ただれてストレス性潰瘍ができてしまう。

また、心の鬱状態が長く続くと交感神経も副交感神経も働かなくなる。こういう時は交感神経の機能低下によって心拍数が下がり、心臓から送り出される血液が少なくなって血圧が下がる。

そのうえ、副交感神経の機能低下によって胃腸の動きも悪くなり、食物の消化不良が起きる。エネルギー摂取が効率的に進まないため、なんとなく元気が出ない悪循環が続くことになる。

こうしてホメオスタシスが崩れると、精神的・身体的ストレスによって、交感神経の働きが活発になる「高血圧」、精神的緊張によって交感神経が働き、胃腸の働きが悪くなって起こる「便秘」、交感神経が優位になって血管の収縮状態が続き、血行不良によって老廃物が排出できない「肩こり」症状などが起きてくる。

これらは、心の状態によって身体に変調を来した例だが、症状が継続すると、さらに深刻な病気につながる危険性もあるので、軽く考えることなく注意してほしい。

●自律神経のバランスを回復しよう

以上で、自律神経のバランスが、私たちの健康維持にいかに重要な意味を持っているかということがお分かりいただけたと思う。

そこで、あらためて仏道の立場で考えてみると、私たちがいかに迷いや執着から離れるかという問題、言い換えれば「考える世界」や「感じる世界」から離脱するかということが、自律神経のバランスと密接に関わっていることに気づく。

どういうことかといえば、人間がものを考える状態というのは、交感神経が興奮している状態である。頭脳が活発に回転し、考え方が意欲的な状態、建設的で楽観的な状態では交感神経が強く働いている。そこで、物を考える時間の長い学者や作家などは、交感神経が強く働きすぎる結果、食欲不振や胃腸障害、不眠症などに悩む例が少なくない。

これらの障害を克服するにはテニスやゴルフなどの運動や、ウォーキング・ジョギング、魚釣り、山歩きなどの趣味が有効である。

運動に没頭したり趣味に夢中になることによって、精神的に仕事から解放され、交感神経の興奮から解放される。そうした時間を意識的に持つことで交感神経の興奮を鎮め、副交感神経の働きを強くして、自律神経のバランスを回復することができるだろう。

交感神経の働きを弱めて、一時的に心のバランスを回復するには、さらに簡単な方法がある。ある種の薬物に頼って、一時的に副交感神経の働きを助長させる方法で、代表的な例が酒とたばこである。

ところが、世の中には物事を考え続ける人々と反対に、自分の主観をまったく放棄して、感覚的な喜びだけを頼りに生きようとする人々がいる。

これらの人々にとって価値とは経済的な価値であり、感覚的な喜びに他ならない。彼らはセンス良く身なりを飾り、おいしい物を食べてできるだけ努力を避け、のんびり暮らすことを最大の喜びと感じている。

このタイプの人たちは副交感神経が交感神経より強く、集中力に乏しいため、ただ漫然と毎日を過ごしてしまうようだ。

釈尊は、この二種類の生き方に厳しい批判を加え、それからの離脱を説いている。それは、交感神経の強すぎる状態と副交感神経の強すぎる状態から脱出せよということであり、物を考えることや感じることを一時棚上げし、「行為」に没頭せよと説いたのである。

●「行為」の世界の重要性

釈尊は、なぜこれほどまで「行為」を尊重し、現実を重視したのだろうか。それは、現実に徹して行為に没頭することが、人生そのものだということを知っていたからである。

私たちの多くは、目前の現実から目をそらして「そのうち一生懸命やろう」とか、「今に頑張る時が来るだろう」などと考え、あてにならない未来に夢を託して、現在をおろそかにすることが多い。

あるいは過ぎ去った過去にこだわり、「あの時ああしておけば」「あの失敗さえなければ」と後悔し、どう修正することもできない過去を嘆いて時間を空費する人も多い。

私たちが生きている現実を直視すれば、未来に期待して現在をおろそかにすることも、やり直しのきかない過去を後悔することも、まったく無意味なことである。

人生を時間の尺度で見れば、未来も過去も現実に存在する時間ではなく、私たちの頭の中で考えた時間にすぎない。実際には、私たちの「行為」とともに瞬間的に現れる現在の時間しかないことは明白である。

少しむずかしくなるが、この世の真の実在とは〟現在の瞬間に私たちが何をやるか〟という、きわめて具体的な事実以外にないこともはっきりしている。

こうした唯一の時間である現在の瞬間を中国仏教では「即今」、道元禅師は「而今」という言葉で呼んでいる。

古来から仏教には、「即今の事を勤めよ」という教えがあるが、これは、〟今この瞬間やらなければならないことを忠実に行え〟という意味である。

しかも、行為の世界は頭の中で考えられたような広がりを持つ場ではなく、目前の具体的な場所、すなわち「ここ」で行われる。

このように、きわめて具体的で厳密な立場からこの世界の秘密を見直したのが仏教哲学で、私たちは、唯一の時間である「現在の瞬間」を真剣に生きることによってのみ過去の誤りを是正し、より良い未来への期待を持つことができるのである。

《3》 どうすれば自律神経のバランスを得られるか

●何事も自分で体験してこそものになる

既にお分かりのように、自律神経のバランスをとる最良・最善の方法が坐禅である。このバランスを頭の中で考え、落ち着いたとか落ち着かないとか感じても、なかなか実現できるものではない。

本来、人間は自律神経のバランスがとれているはずだが、それぞれの長年の習慣によって、せかせか落ち着かない人もいれば、のんびりしていてなかなか動き出さない人もいる。

こうした性格の違いも自律神経の状態と関係が深く、坐禅の「自受用三昧」という境地は、交感神経と副交感神経のバランスがとれた状態と理解して間違いない。

坐禅によって自律神経のバランスが保たれている時、私たちの身体は健康で、病気に対する抵抗力もある。従って、働いてもすぐ疲労を回復することができる。

ところが、交感神経が強すぎるとクヨクヨして食欲が減退し、夜になっても目が冴えてなかなか眠れない。反対に、副交感神経が強い人は食欲旺盛でたくさん食べるが、食べるとすぐ眠くなって横になってしまう。

この両者のバランスをとらせる機能は誰の身体にも備わっているが、実際に坐禅をしなければ発現しないところがミソである。何事も自分で体験してこそ、自分のものになるのだ。

「なるほど。自分というのは案外落ち着いているんだ。今までせかせか動き回っていたが、そんなに焦ることはないんだ。そうかと言って、あまりのんびりしていても良くないな」

こうしたきわめて常識的でありながら、本質的な人間のあり方が坐禅を実際にやっていると分かってくるのである。

その真実を保持しながら暮らしていると、日常生活の些事があまり気にならず、素直なサラリとした毎日が送れるようになるだろう。「あれは失敗だった」とか、「今度のビジネスはうまく行くだろうか」という後悔や不安から解放され、今やらなければならないことに専念できるようになるはずだ。

●宇宙と同じ大きさの世界に座る坐禅

もう一つ、坐禅で得られる「自受用三昧」の妙味は、広い視野で物を見るようになるということだ。ふだんの私たちは、非常に狭い視野で物事を見がちで、自分の利益しか考えない。他人のことはどうでもいいと考える人は、世間そのものを狭くしてしまう。

これに対して、もっと広い視野で生きようとするのが仏道で、私が師事した沢木興道老師は「天地一杯」という言葉で表現しておられた。たしかに私たちの現実は「今、ここ」の世界だが、同時に無限大の宇宙に住んでいる。それと同じ大きさで物を考え、人生に対処していくのが人間本来のあり方ではなかろうか。

私たちが足を組み手を組んで、背骨を伸ばし、ジッと座っているのは、限られた狭い空間に自分を置いているということではない。宇宙と同じ大きさの世界に座っているというのが実体である。

私たちにはいろいろな悩みや苦しみがあるが、坐禅をやっていると一切の悩みが脱け落ち、すべてから解放される瞬間がある。坐禅によって気持ちが落ち着く習慣がつけば、やらないと不安でいられなくなるはずだ。

その後は、人生をどう生きなければならないかということを坐禅が教えてくれる。坐禅をすることによって、自分自身がどうしなければならないかということが、本能的・直観的に分かってくる。

私たちの身体は約六十兆個の細胞が集まってできあがっているが、そのすべてが健康というわけにはいかない。しかし、不思議なことに、自分の身体を毎日正しい状態に置いていけば、身体自身がどんどん健康の方向に向かって変わっていく性質があるようだ。特別な薬を飲まなくても、正しい状態に置いておけばどんどん健康になっていくのである。

従って、坐禅というのは実行するかどうかが非常に大きな問題になる。思いきって足を組み、手を組んで背骨を伸ばし、ジッとしているのが坐禅であり、「やろうかな、どうしようかな」と考えているのは坐禅ではない。

毎日坐禅をやるのは簡単なようだが、続けるのは意外にむずかしい。毎日坐禅ができるのは、その人に実行力がついた証しと言えるだろう。

《4》ケーススタディ〜株式会社井田両国堂の場合

●井田両国堂の経営と仏道

話は変わるが、ここで私が顧問をしている井田産業会長、井田日出男氏の話に基づき、同社の経営のあり方について考えてみよう。

前章で述べたように、昭和五十年代から社員教育に坐禅を採り入れた同社は、「宇宙の秩序（法）に従う」ことを社是とする優良企業として知られている。

現在株式会社井田両国堂、株式会社井田ラボラトリーズ、株式会社シャンティ、株式会社セザンヌ化粧品、株式会社ＩＭＣで構成される井田グループの平成十二年度売上高は五百五十二億円。約二万アイテムを数える化粧品及び装粧品の卸売業では、首都圏のトップシェアを誇っている。

その中核企業である井田両国堂の経営に、仏道と坐禅はどう生かされているのだろうか。

井田会長によれば、同社は大正七年（一九一八）に初代社長井田幸八郎（日出男氏の尊父）が浅草三筋町で創業。資本金は八百円で、箱車を引いて石鹼や化粧品・雑貨を小売するかたわら、ささやかな卸売商を始めたのが最初である。

同十二年（一九二三）の関東大震災によって、店舗を失った幸八郎は、一時郷里の埼玉県妻沼町に身を寄せるが、年末に上京して本所緑町に仮店舗を開く。その後、昭和二年（一九二七）に本所亀沢町に営業所を新築した両国堂は、同十五年に会社を法人組織に改め、山の手市場の開拓に努めて成果を上げた。

井田氏の回想によれば、本所亀沢町時代、両親ともに信心深く、仏教に帰依していた同家では、自宅の二階に近所の僧侶を呼び、従業員と一緒に法話を聞いた思い出があるという。

●「三方が潤う良い方法が必ずある」

昭和二十年三月の東京大空襲により、亀沢町の店舗を焼失した同社は、二十二年（一九四七）七月、台東区浅草橋に本社を移転。二十四年（一九四九）に脳溢血で倒れた幸八郎氏に代わって、日出男氏が社長に就任。資本金を三百万円に増資して、社業の新規巻き直しを図った。

日出男氏によれば、病床に就いた先代社長は五年後に亡くなるまで、相談役として、同社の経営にさまざまなアドバイスをしてくれた。その根本には、次のような教えがあったという。

〝商売する時には、仕入れ先と得意先、そして当社の三方が潤《うるお》う良い方法が必ずあるはずだ。そのうちどれか一つが欠けても、商売は長続きしない。一生懸命努力してその方法を見つけ、きちんと仕事をしなさい〟

そこで日出男氏は、どこにでもある商品を安売りしていたら、三方が良くなることはありえないと考え、化粧品と装粧品部門に特化して、質の高い商品を定価で販売。売り場作りも含めて、トータルに得意先に提案する新ビジネスを展開したのである。

その商法の根底には、女性客というのは非常にシビアだが、良い商品を一目で見抜く力がある。そうした眼力があるから、正しくきちんと話をして、気に入ったら即座に買ってくれるという顧客への信頼感があるようだ。

●「一・三・十の法則」でテスト販売

私は井田両国堂の顧問に就任して以来、毎月一回の経営会議に出席し、会議の最後に気のついたことを助言するとともに、毎週一回、水曜日の午前中に開かれる役員の坐禅会を主宰。その場で、正法眼蔵の講義も続けている。

同社の役員は、きわめてまじめで努力家なので、会議の内容は前向きの話が多いが、私は、折々の時代に則して必要だと思われるアドバイスをしてきたつもりである。

とくに、同社の事業が軌道に乗った昭和三十年代半ばから、〝卸売業には未来がない〟ということを説いた。高度成長下の日本では、メーカーと小売業の規模がどんどん大きくなり、早晩、メーカーと小売業が直結。中間の卸売業者が存続しうる期間は、そう長くないと判断したからだ。

この指摘を受けとめる以前から同社では、昭和三十九年（一九六四）にセザンヌ化粧品というメーカーを立ち上げ、同四十六年（一九七一）には、化粧小物（＝装粧品）のメーカーであるシャンティを創設。

また、五十三年（一九七八）から五十九年（一九八四）にかけて、欧米のブランド商品の日本総代理店として、輸入販売業にも積極的に進出してめざましい成果をあげた。

こうした同社の事業拡大には、井田会長自ら「一・三・十の法則」と呼ぶセオリーがある。たとえば、ある新規事業を立ち上げる場合、まず、一人でやらせてみて様子を見る。それでいけそうなら、三、四人のチームで取り組ませ、次に十人程度の課を構成する。それで成功したら、二十～三十人程度の事業部で推進するのである。

ここで大切なのは、順序を踏みながら一段ずつ積み重ねていくことで、調子に乗って一気に拡大する愚は犯さないことだ。

井田両国堂の得意先には「倍々ゲーム」で伸びていくケースと、小さな商圏を守りながら地味な商売を続けるケースと二通りある。

「自社の目に見える範囲の商売」を旨とする同社は、どちらの得意先とも取引するが、小企業には小企業の生きる道があることを知っている。要は、その企業がいかに真剣に事業に取り組むかである。

●坐禅で経営のバランス感覚を養う

昭和三十五年に刊行された『井田両国堂四十年史』には、初代社長井田幸八郎が日出男氏に託した遺訓が掲載されている。その多くが今日の同社の経営姿勢に連なるため、主なものを紹介しよう。

「商売は、まじめな商売をして世の中のお役に立つのが目的である。その目的が立派であればあるほど、その手段も立派でなければならない。だから、人を泣かせたり、首吊りの足を引っ張ったり、総じてアコギなことは決してせず、毎日、毎日正しい商売をしなければならない」

「誠実に細く長く、近道無用。一日に十里の道を行くよりも、十日に十里行くぞ楽しき」

「商売に見栄と、アセリは大禁物。見栄やアセリがあると、必ず無理をする。無理をすれば必ず仕事に破綻が来て、止めて止まらぬ破滅の坂道を転がり落ちてしまうものだ。だから、分相応に手堅く、一歩、一歩、踏み固めて行くようにすることが肝要だ」

「断じて投機的な仕事をしてはいけない。相場、賭け事をすれば、まじめに働くのが嫌になる。そして、最後は身を滅ぼすのだ」

「商売は儲けようと思うな。損をしないよう、損をしないようにと気をつけていれば、自然に儲かってくる」

言うまでもなく、私たちが住んでいる世界は「宇宙の秩序＝法」に基づいて運行されており、正しい原理・原則を持たない経営が長続きするはずはない。

井田幸八郎氏の遺訓は、まさに「宇宙の秩序」に連なる言葉である。戦後、浅草橋に移転して以来、減益はあっても赤字を出したことがない同社の成長は、この「宇宙の秩序」に忠実だった結果だと思われてならない。そして、井田会長が「宇宙の秩序」を全従業員に徹底するために採り入れたのが坐禅であった。

「これまでの当社が決定的な危機に直面することなく、順調に発展することができた最大の理由は、私をはじめ多くの従業員が坐禅を組んできたからかもしれません」

こう語る日出男氏は、毎日、たとえ十分間でも朝晩、坐禅を組むことが習慣になっている。その結果、自律神経のバランスがとれて正しい直観力が働くことを実感しているそうだ。

坐禅の効用について、井田会長に近いある幹部社員は次のように言う。たとえば、得意先からある品物を安くしないと買わないよと言われた場合、断れば売上げが減るが、得意先の注文に応じたら利益が小さくなる。こういう場合にどうしたらいいか。

同社の社員はまず坐禅を組んで深く内省し、利益は小さくなるが、それを覚悟して得意先の意向に沿うべきだと上司に進言して、了解を得る。結果が吉と出るか、凶と出るか分からないが、こういうことは日常茶飯事で、常に二者択一を迫られるのが商売である。

そんな時頼りになるのが、坐禅によって得られるバランス感覚で、毎日のように坐禅をしていると、判断のバランスが自然に身についてくるのが何よりありがたいという。

●社員に感謝の気持ちを伝え、手を携えて繁栄する

井田グループの総帥である井田会長は、高度経済成長が終わりを告げ、どの分野の商売もむずかしくなった昭和五十一年（一九七六）、自分自身の「命の果て」が見えたという。

その頃、たまたま銀座の近藤書店で私の小著『坐禅のやり方』を見つけた同氏は、それをきっかけに、東大仏教青年会での私の「正法眼蔵」講義に半年ほど通われた。

これがご縁となり、私は昭和五十三年（一九七八）六月から同社創立六十周年記念事業の一環として、毎週一回、台東区の柳橋会館において、坐禅の実修と「正法眼蔵」の講義（提唱）を目的とする会を持つことになったのである。

「商売に運・不運はなく、正しい原理・原則を合理的に積み上げていくことに尽きる」と

言う井田会長は、商売で最も大切なことは、明日への備えを怠らないことだと考えている。たしかにご尊父が残してくれた財産は天の恵みだが、その土台の上に胡座《あぐら》をかいていてはダメで、土台の上に日々何を積み上げていくか、毎日をどう生きるかが問題だと言う。

そんな会長は社員に対して大変厳しい。業績が悪ければ人前でも平気で叱るが、少し時間が経ってから声をかけ、そっと慰める。また、本人の適性に応じて職場の配置転換を行い、諸手当の減額をすることはあっても、家族に説明しにくい基本給の減額までは行わない。そうした温情によって、多くの社員は苦しさに耐えることができる。

また、かつての同社では、毎年の盆暮れに日出男夫人が全社員の家庭を訪問し、お中元やお歳暮を届けて感謝の気持ちを伝えるのが慣例化していた。これは、社員数が五百人以上に増えた現在では不可能になったが、所帯持ちの幹部社員の家へ進物を郵送し、「ご苦労様」という気持ちを伝える慣習は今も続いている。

ますます唯物論的風潮が強まる現代、部下から上司へ、中間管理職から重役への付け届けという話はよく聞くが、経営トップが社員への感謝の気持ちをこのような形で表す話は聞いたことがない。

そこには、仕入れ先や得意先はもちろん、自社の社員と株主を大切にし、ともに手を携えて繁栄していこうという、「宇宙の秩序=法」に基づく経営姿勢が如実に表現されている。

［第五章］ 坐禅をすればもっと楽に生きられる

《1》家庭でもできる坐禅の作法

●坐禅によって得られるもの

この章では初めて坐禅にふれる読者のために、実際の坐禅とはどんなものなのか、基本的な心構えと作法についてまとめておこう。

その記述の多くは、拙著『坐禅のやり方』（金沢文庫刊）や『坐禅の心得』（金園社／監修）と重複するが、いずれも必須事項なので転載することをお許しいただきたい。

最初に、私たちは坐禅によってどんなことを体験し、何を得ることができるのだろうか。

これを心理的側面と生理的側面に分けると、次のように整理できるだろう。

〈坐禅体験の心理的側面〉

①釈尊と同じ体験をする

～坐禅というのは、二千数百年前に仏教の祖・釈尊が実践したのとまったく同じ行為を具現することだ。

そのことによって、私たちは釈尊と同一の心境を体験し、同じ生理現象の下に我が身を置くことになる。それは坐禅を通して釈尊と自分が出会うことであり、釈尊と一体になることである。

②自分自身をつかむ

～坐禅の最中に意識するのは、広い宇宙の真っ只中に黙々と座り続けている自分自身である。しかし、自分というものは「自己とは何か」と自問自答してみても、決して把握できるものではない。

それは、坐禅によって宇宙の秩序の中に安座し、心と身体を通して直接に感得されるものである。すなわち坐禅の目的は、徹頭徹尾自分自身の追求であり、自分自身をつかむ究極の姿なのである。

③平凡な心境こそ真理である

～坐禅とは、自分が自分自身に回帰する行為であり、特異な心境に入ることではない。それは、平々凡々たる私たちの心境であり、平常心こそ坐禅において体験される唯一の心境だ。それは緊張とリラックスの中間的な状態で、両者の共存とも言うべき心の状態かもしれない。

④宇宙の秩序に没入する行為

～坐禅とは「座ること」に没入することであり、〝宇宙の一切は言葉で表現できるものではない〟ことを、自分の心と身体で実感することに他ならない。それは、大宇宙を支配する秩序（法）に没入し、宇宙に遍満するリズムに我が身の波調を合わせる行為である。

〈坐禅体験の生理的側面〉

①身体を最も正しい状態に保つ

～坐禅とは、足を組み手を組んで、腰骨と背骨、首の骨を垂直に立てることであり、全身の骨格と筋肉をあるべき場所に位置づけ、身体を最も健康な正しい状態に保つことである。坐禅は、その意味で最も「静止的な体育」と言えるだろう。

②間脳と自律神経が正常化される
〜坐禅によって、すべての骨格と筋肉が正しい状態に置かれると、体温や情緒、性、胃腸、睡眠などの調整役をしている間脳（視床下部）が正しい状態に置かれる。そのことによって自律神経のバランスが図られ、強化される。

③全身の機能が調整され、健康になれる
〜自律神経のバランスがとれることにより、血液の循環やホルモンの分泌、胃腸や排泄の機能など全身の機能が調整され、最も健康な状態に保たれる。

こうして身体全体が正常化の方向に向かうということは、従来、異常だった部分が修正されることになるが、その過程で、一時的に肩がこるとか、身体の一部が痛むなどの症状が出ることがある。

これらの症状は、身体が健康な状態に向かって変化しつつあることの証しで、恐れる必要はない。むしろ、身体が健康な方向に生まれ変わりつつあることを喜び、ますます坐禅に精進することが肝要であろう。

●坐禅に必要なものをそろえる

次に、実際の坐禅に必要なものとスペースについて記しておく。

まず、坐蒲《ざぶ》。これは専用の丸い座蒲団のことで、通常、直径三十六センチ程度の円形の座蒲団で、西洋のクッションに近い形をしている。

坐蒲の中には熱帯性植物のパンヤという綿毛を詰め、その上に腰を下ろした場合、十〜十五センチ程度の高さを保つものが好ましい。ただし、坐禅には坐蒲が絶対必要なわけではない。もしも坐蒲がなければ普通の座蒲団を二、三枚重ね、その角に当たる所を使うとか、寝具を折り畳んだ角を代用にするとか、有り合わせのものを使ってもかまわない。

次は坐物だが、畳敷きの部屋なら坐蒲を畳の上に直接置いて、座ればいい。しかし、板敷きの部屋なら座布団やマット、毛布、畳など、適当な敷物を坐物として使い、足が痛くならないようにしなければならない。また、畳敷きの部屋にやや大きめの座布団を敷き、その上で坐蒲を使うケースもある。

基本的に坐禅を行うには、一人分の身体が収まる半畳程度のスペースが必要である。坐禅をするための環境はなるべく静かで、風や煙の吹き込まない所、あまり暗くなく、冬暖かく夏涼しい所が望ましい。そういう場所では参禅者の気が散らず、坐禅に集中することができるからだ。

●坐禅の座り方と手の組み方

坐禅の足の組み方には「半跏趺坐」と「結跏趺坐」の二種類がある。「趺」という字は足の甲を意味し、「跏趺坐」とは、足の甲を反対側の足のももの上に乗せる座り方のことである。

①半跏趺坐の座り方

まず、腰を坐蒲の真ん中に下ろし、左右どちらかの足を折り曲げ、すねの外側を畳か坐物につけ、足先を他の足のももの下に入れる。

次に反対側の足を折り曲げ、足先をそれとは反対側の手で持ち、先に折り曲げた足のももの上に、足の甲がももに密着するように乗せる。その際、足先が反対側のももの外側に近づき、身体とできるだけ接近するように深く乗せた方がいい。

こうすると、両方の膝と腰を頂点とする二等辺三角形ができあがり、身体はその三角形の頂点上に乗った形となる。左足が上になる組み方を「降魔坐」といい、右足が上になる組み方を「吉祥坐」と呼ぶ。

②結跏趺坐の座り方

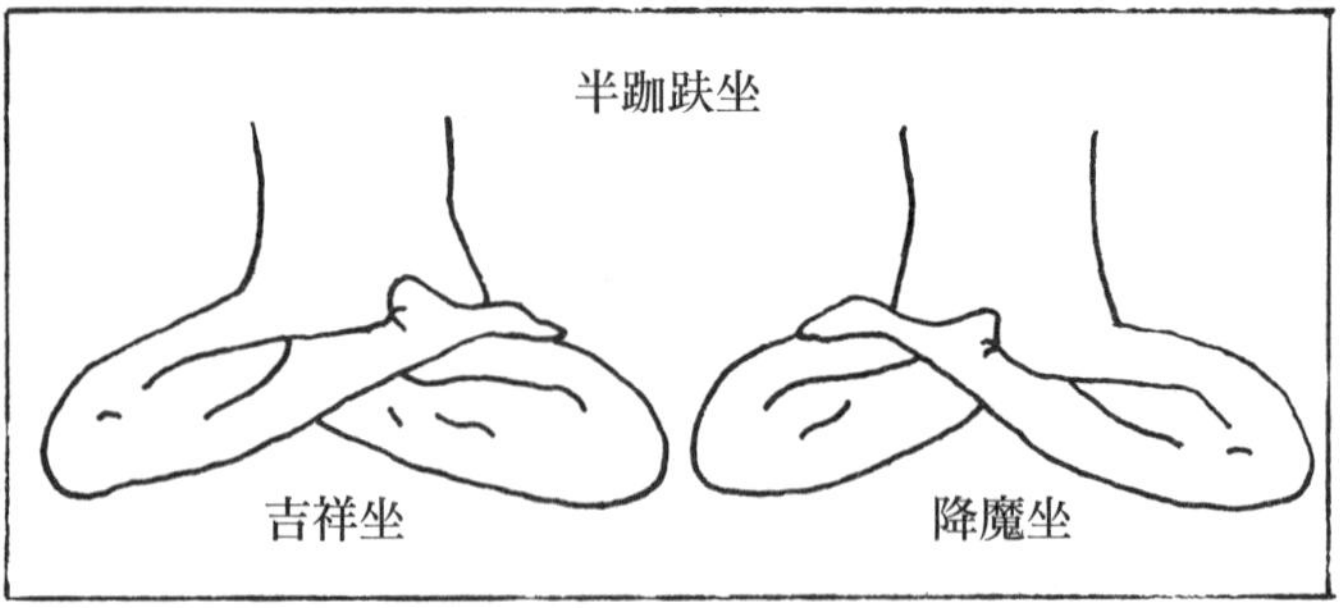
半跏趺坐
吉祥坐
降魔坐

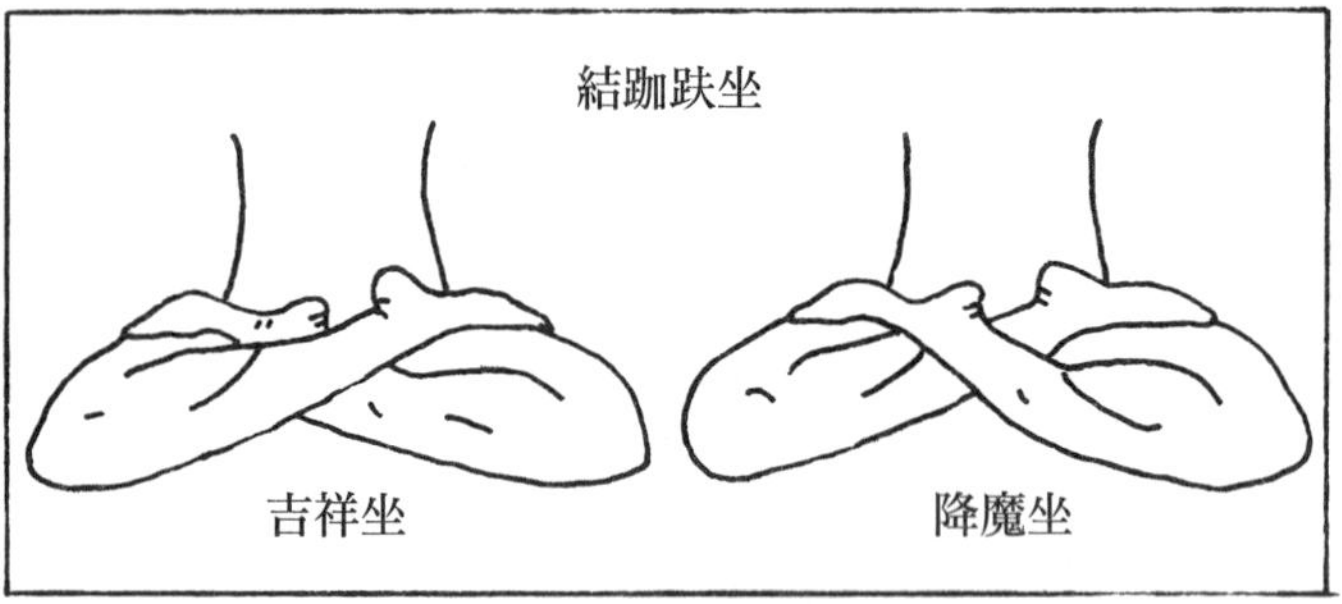
結跏趺坐
吉祥坐
降魔坐

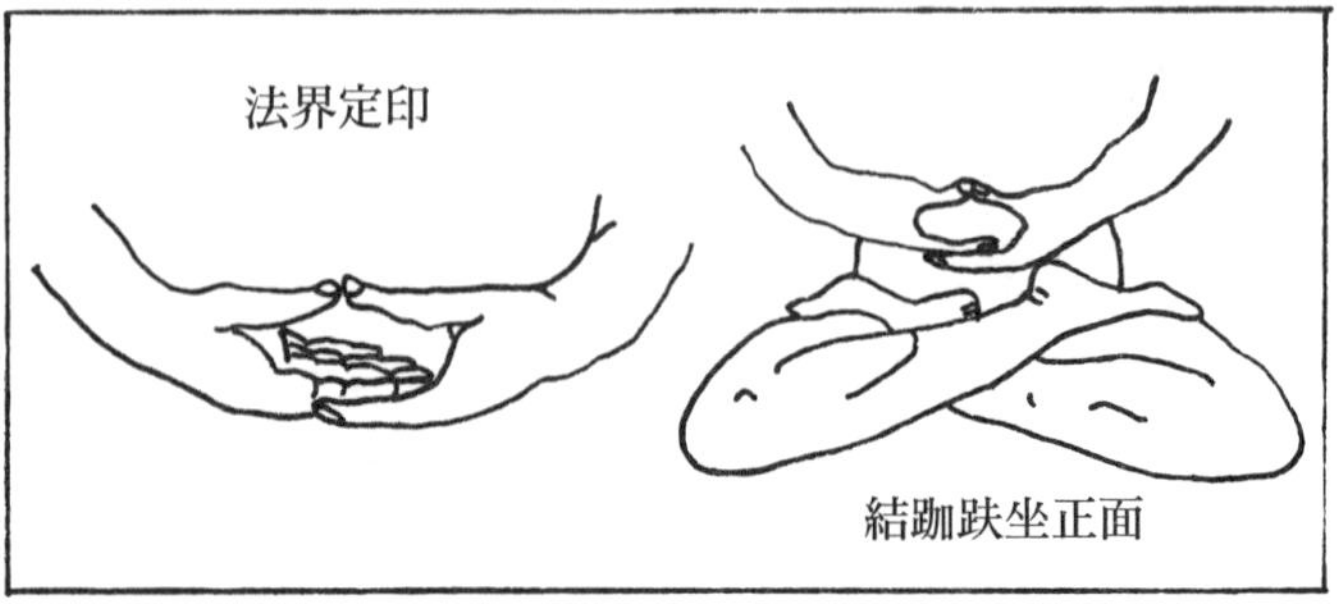
法界定印
結跏趺坐正面

半跏趺坐と同様、片方の足を他方の足のももの上に乗せる。そして、上に乗せた足と反対側の足先を手で持ち、他の足のももの上に引き上げる。足を引き上げる際は、前に乗せた足がずり落ちないように、一方の手で押さえておく。

両足を組む結跏趺坐は、初心者には苦痛に感じられるかもしれないが、馴れてくればきわめて自然な気持ちのいい座り方であることが分かってくる。馴れないうちは半跏趺坐でもいいが、上に乗せる足の左右を時々替えて座ると、いつのまにか馴れて簡単に組めるようになる。「降魔坐」と「吉祥坐」の違いは半跏趺坐と同じである。

一方、手の組み方は「法界定印」という。まず、上になっている方の足の上に、その足と反対側の手を、掌を上に向けて乗せる。次に、その手の上に、他方の手をやはり掌を上に向けて重ねる。

そして両手の親指を向かい合わせて、両方の掌と親指で平たい楕円形を作り、向かい合った親指の先がへその前に来るようにする。肘は身体からやや離し、肩の力を抜いて自然に下げる。

●姿勢の整え方と眼の保ち方

こうして手足を組み終えたら、次に腰骨を前に押し出すようにして垂直に立てる。腰骨

坐禅という修業法

足を組み手を組み背骨を伸ばす

を立てると尻の肉の部分は後ろに突き出た感じとなり、両ももの肉も適度に緊張して安定した形となる。

次に、垂直に立てた腰骨の上に背骨を垂直に立てる。さらに、その上に頚骨を垂直に立てる。垂直に立てるには、あごを引いて、頭頂部の後方で天井を突き上げる感じで頚筋を伸ばす。

腰骨と背骨、頚骨を垂直に立てることが坐禅の眼目で、垂直に立てなければ平静な心身の状態は得られない。それぞれの骨が前後左右に傾いてはならず、内臓はとくに意識せず、力を抜いて自然に保つことが大切である。

口は普通に閉じておき、呼吸は鼻で行うこと。また、眼は普通に開いておく。一部には「半眼」と称し、眼を半ば閉じることを勧めるが、これは誤りである。『正法眼蔵坐禅儀』では、眼の開き方を「不張不微」と表現し、見開きもしなければ細目にもしない状態こそ正しいと記されている。
視線は腰骨・背骨・頸骨を垂直に立てて、あごを引いた状態で自然に落ちる所に置く。
なお、眼をつぶると眠くなるので、必ず開けておくようにする。

こうして姿勢を整えたら、大きく息を吸って静かに吐き出し、背骨を左右に揺り動かして真ん中で止め、平静な心身の状態（三昧）に入ろう。大勢の人々が集まって坐禅をし、鳴り物を使って坐禅開始の合図をする場合は、三回打ち鳴らすのが定めである。

坐禅を終了する時は静かに落ち着いた態度

でやめ、あわてて立ち上がってはいけない。足がしびれていれば、ゆっくりしびれを直してから立てばいい。鳴り物によって終了を告げる際は一回鳴らすことになっている。

《2》　坐禅に対する素朴な疑問に答える

疑問①／坐禅の目的は「悟り」に達することだと聞きましたが、本当でしょうか？

解答／世の中には、坐禅をある種の「悟り」に達するための「手段」と見なす人々がいるが、これは間違いである。

　道元禅師の『正法眼蔵弁道話』には、「初心の弁道すなはち本証の全体なり」と書かれている。これは〝初心者が取り組んでいる坐禅が、本質的な体験のすべてである〟という意味である。

　私たちは坐禅を始めた瞬間から、釈尊と同じ境涯に安座することができるのであって、その点に関するかぎり、初心者と熟練者の間に本質的な差異はない。すなわち、坐禅そのものが「悟り」に他ならないのであって、人は坐禅している自分に絶対の自信をもつべきである。〝一秒座れば一秒の仏〟という言葉が、坐禅の本質をみごとに表現している。

疑問②／坐禅をしていると、いろいろな妄想が湧いてくるのを止められないのですが、いけないことでしょうか。

解答／たしかに初心者は、いつのまにか妄想を追っていることが多いが、坐禅の本質は考えることではないので、「行為」に没入して想念を吹き消す必要がある。しかし、妄想が湧くことをあまり気にせず、気がついたらただちにやめればいいのだ。

道元禅師は『普勧坐禅儀（真筆本）』の中で、「念起こらば、即ち覚せよ」（想念が起こっていることに気づいたら、ただちに我に帰ればいい）と言っておられる。

坐禅の最中の想念は、それまで無意識の中に抑圧されていた思いが意識中ににじみ出てきた結果であり、心の中の不自然な抑圧の解放に役立つ。だからと言って、妄想を意識的に追うことが坐禅の本旨に反することは言うまでもない。

疑問③／坐禅と聞くと苦行のイメージが強く、なんとなく敬遠してしまいます。どうしたらいいでしょうか。

解答／ある種の新興宗教の中には、坐禅を苦行の一種と見なし、食事を切り詰めたり、睡眠時間を極端に少なくして、肉体を苦しめることに意義を見い出す一派がある。

私に言わせれば、これはまったくのナンセンスで、坐禅に対する信仰が失われた時代以後に生まれた人気取りの悪習である。

　仏教は決して苦行主義ではなく、苦行は、かつて釈尊が真理への道ではないと見なして捨て去ったものである。坐禅生活を送る上の心得として、道元禅師は「冬暖夏涼をその術とせり」と言っていることに注目されたい。冬は暖かく、夏は涼しくというのが、坐禅の原則である。


疑問④／浄土系の思想家は、坐禅は自力修行の教えで、「他力」の思想がないので本物ではないと言います。それは本当ですか？

解答／この考え方には、坐禅の本質に対する根本的な誤解がある。およそ宗教に「自力」などというものはなく、参禅者の心境は、坐禅によって悟りを開くのだというような思い上がったものではない。

　坐禅に頼る以外、真実を求める方法はないと思い定め、真摯にすがるような気持ちで追求するのが坐禅である。その意味で、坐禅は私たちの救いであり、憩いであり、慰めである。


疑問⑤／坐禅はどんな時にやればいいのでしょうか。毎日の生活に追われて、なかなか時間がとれません。

解答／坐禅は、基本的に毎日やらなければ意味がない。参禅会などは坐禅のやり方を覚え、その体験を徹底して味わうという意味では有意義だが、坐禅の意味は毎日欠かさずやるところに生まれてくる。

実際、夜寝る前に座ると心地よい睡眠への導入となり、翌朝のさわやかな目覚めにつながるだろう。さわやかな目覚めを迎えたら、洗面後ただちに坐禅するといい。これによって、一日を仏教徒として過ごす心身がつくられるからだ。

専業主婦で朝晩の坐禅が困難な場合は、毎朝、家族を送り出した後、家事の合間を見て独りで座ればいい。

現代生活はさまざまな用事によって制約されるため、時には五～十分程度しか坐禅することができない場合もある。しかし、たとえ時間は短くても、坐禅をやったことの意義は、やらなかったことに比べるとまことに大きい。

坐禅道場では、線香一本が燃え尽きるまでの四十～五十分を一炷《いっしゅ》といい、これを坐禅時間の単位にしている。だが、短時間でも坐禅することによって、釈尊と同じ心身のリズムを浸透させることが最大の修行であり、最高の価値になるのだ。

疑問⑥／坐禅は人の脳波の状態を整え、心臓の負担を軽くして血圧の正常化にも効果があると聞きました。本当でしょうか？

解答／人の脳波には、次の五種類があることが確認されている。
［アルファ波］＝睡眠中など、目を閉じて落ち着いた状態の時に現れる安静型脳波
［ベータ波］＝昼間、脳が活発に活動している時に現れる活動型脳波
［ガンマー波］＝精神的に興奮・昂揚した時現れる緊張型脳波
［シータ波］＝うとうとした時や催眠状態、深くリラックスした時現れる脳波
［デルタ波］＝非常に深い睡眠時に現れる脳波

これによれば、通常、目を開けて行う坐禅時にはベータ波が現れるはずだが、実際には、睡眠時の安静型脳波であるアルファ波が、きれいな波形で出ることが確認されている。そして、さらに坐禅を続けると、深くリラックスした状態で現れるシータ波が記録される。

このように坐禅は、目を開けているにもかかわらず、外部の緊張から解放された安静な精神状態を創出することができる。そのため潜在能力の開発に効果があるだけでなく、集中力や理解力を強化。仕事の能率が上がり、首や肩、腰の痛みが消えた、胃腸の働きが良くなり便秘が治った、うつ状態が改善されたなどの症例が数多く報告されている。

また、坐禅を始めると脈拍数が減るので心臓に休息を与え、負担が減少して心の安定をもたらすことが知られている。禅僧に心臓病患者が少ないのは、そのためかもしれない。

ストレスや過労などで血中の乳酸濃度が高くなると、筋肉がこわばって血圧が上昇し、不安発作を起こすこともある。

ところが坐禅によって心が安定すると、副交感神経が活発に働き始め、血流が良くなって、血圧と乳酸濃度が大幅に低下。すっきりした気分になってこだわりがなくなり、良いアイデアが浮かぶなど、生きる気力が身内に湧いてくるのを感じるはずである。

《3》 ひたすら坐禅に励む

●人は百尺の高い竿の上に立っている

今の日本で仏教を語り、仏教を愛する人は少なくないが、坐禅を愛し、坐禅を実行している人はきわめて少ない。

実際に坐禅をやってみれば分かるが、最初は足が痛いとか、妄想が起こって困るというような障害も出るが、それほどむずかしくもなければ苦しくもない。

にもかかわらず、人はなぜ坐禅をやろうとしないのだろうか。

この問いに対する答えは簡単である。人は唯心論や唯物論などに沿って常識的な生き方をするのに馴れ、それらとまったく違う新しい生き方に入ることに不安を感じて躊躇するからだ。

机の上で物を考えるのは、さほど大きな決断を要する仕事ではない。また、外界の事物を客観的に眺めて傍観者の立場に止まるのもむずかしいことではない。

しかし、自分自身が主役となって「行為」の世界に一歩踏み出すことには心理的な抵抗が伴い、肉体的な不安を感じるのだろう。

これを仏教では「百尺竿頭進一歩」という言葉で表現する。

その意味は、人は誰でも意識しているかどうかにかかわらず、百尺もある高い竿の上に立っているのと同じで、「行為」の世界に入るということは、竿の上から思いきって一歩踏み出すことなのだ。

しかし、結果が良いか悪いかは本人の知りうるところではなく、眼をつぶって一歩踏み出すことが仏道信仰の最初の一歩なのだ。

その意味で、坐禅の実修がないところに仏道信仰はありえず、仏道の実践もない。坐禅こそ仏道の最初であり、最後なのである。

●ただひたすら坐禅をすることの楽しみ

私はこうした立場から、一人でも多くの人が自宅や自室で、毎日坐禅に親しむことを願っている。もちろん、仏道を哲学的に探究し、坐禅の意味を学問的に解明することも大切だが、坐禅の実修なしに行われる仏教哲学の探究は、所詮〝画に描いた餅〟である。

およそ仏教や仏道に関心を持つ限り、座禅の実修を欠くことはできない。道元禅師の「祇管打坐始得」（＝ただひたすら坐禅することによってのみ、何物かが得られる）という教えが、仏教と仏道のすべてを言い尽くしている。

そこで私は、仏道に関心を持つすべての読者に、どうか毎日朝晩、坐禅を行う習慣をつけてほしいと訴えたい。

具体的には毎朝十五～三十分、夜五分～十五分程度の坐禅の習慣をつけ、半年ほど続けることをお勧めする。これが実行できれば、あなたは仏教徒として一生を過ごすことができると約束してもいい。

当初は月に三回とか、週に一回の坐禅も容易ではないかもしれないが、仏教徒になりきろうという意志さえ固ければ、朝晩の坐禅は可能なはずである。

こうした習慣づけに成功すれば、それ以前と以後で異なる心身が感じられ、「これが仏道なのか！」という実感が必ず湧いてくる。それまでの生き方と異なる、充実した時間の中にいる自分自身を発見することは確実だと思われる。

何も考えず、何も感じないで腰骨を伸ばし、ジッと座っているだけで、非常に落ち着いた気持ちの良いものが得られるという実感を味わうと、坐禅がやめられなくなる。

しかも、それが自分自身を生かす道だということになれば、できるだけ早い機会にこの楽しみに目覚め、それを基準に生きていくことは非常に意味のあることではないか。

しかも、ジッと座っている楽しみが分かってくると、人生の中でやらなければならないことと、やらなくてもいいことのケジメがついてくる。どうしてもやらなければならないことを一生懸命コツコツやっていく人生が、その人の最高の生き方ということになる。

坐禅というのは、そういう点で人々に最高の生き方を教えてくれるものなのだ。

［第六章］ ビジネスマンの生活と仏道

《1》さらに高次元の価値を求めよう

●〝名利を追う心を捨てよ〟という教え

私は、本書の中で仏道を経営に生かすことをはじめ、個人の日常生活と坐禅について述べてきたが、もう一つ重要な問題が残っている。

それは坐禅を中心とする仏道と、私たちの社会生活をどう結びつけたらいいかという問題である。とくにビジネスマンが、毎日の多忙な生活に仏道をとりいれるにはどうしたらいいか、もう少し実践的な内容について述べておきたい。

最初にこの問題に関する大原則を言ってしまえば、それは〝名利を追う心を捨てよ〟ということである。道元禅師が建てた最初の坐禅堂である重雲堂には、堂内で守るべき規則がこう書かれている。

〝道心ありて名利をなげすてんひと、(堂内に)いるべし。いたづらにまことなからんもの、(堂内に)いるべからず〟

道元禅師のこうした主張にふれると、本書の読者の多くは失望を感じるかもしれない。なぜかと言えば、元々人間社会を構成する世俗的な価値のうち、最大のものが「名利」(名誉と利得)だからである。

ところが禅師の教えによれば、私たちが仏教を学んで、坐禅修行をする時はこの二つを捨てよという。それでは、毎日のように名誉と利得を目標に働いているビジネスマンは立つ瀬がなく、両者を捨ててしまったら何が残るだろうかという疑問を感じざるをえない。

ビジネスマンにとって、早く課長や部長になりたい、早く役員になりたいという気持ちが共通の願いであり、月給が二倍、三倍になる日が一日も早く来ることを望んでいると言っても過言ではないだろう。

にもかかわらず、道元禅師はその二つの願望を捨てよと言う。

そんなことを言われれば、これまでぜひ仏道を勉強してみよう、坐禅をやってみようと思っていた人も、「仏道の勉強には意味がなさそうだ。坐禅もやめておこう」と考えるかもしれない。

しかし、実はこの教えの中にこそ、仏道を勉強し、坐禅をやることの本当の意味が隠されているのである。

●裸の一個人として生きる

本書の中で私は、この世には「絶対の真実」と呼べる何かがあり、仏教ではその真実を「法」あるいは「宇宙の秩序」という言葉で表現していると、繰り返し述べてきた。

真実＝法を求めること自体、世俗の名誉や利得を離れることと密接な関係がある。すなわち仏教では、この法こそ人間が最も優先的に追求すべきものであり、それ以外の目標をすべて二次的なものと見なすことを勧めるからだ。

したがって、私たちが社会生活の中で重視する名誉と利得も、人生の真実＝法を追求する際の障害物として排撃される。このことは、昔から仏教が「出世間」（＝家庭や社会生活から離れること）を基本としてきたことと密接な関係がある。

しかし、もしも私たちが家庭や社会生活を文字どおり捨ててしまえば、在家仏教や市民の坐禅修行などは成り立たないことになる。

要するに現代社会で「出世間」というのは、私たちの気持ちの上で、家庭的な束縛や社会生活の拘束から自由になることを意味しており、それらの影響から抜け出すことを勧めているると解釈すべきだろう。

私たちが名利の心を離れるには、社会生活できわめて重要な意味をもつ価値に冷静な目を向け、それよりさらに次元の高い価値にめざめること。そして、より高次元の価値を追求することによって、名誉や利得が浮雲よりはかないものだという認識を持つことが大切なのである。

これをビジネスマンの生活に置き換えるなら、最大の関心事である組織内の地位や給与にあまり固執せず、日々の生活を大切にしながら、より高い次元の価値を心の中心に据えて生きることを勧めているのである。

ここでお断りしておきたいのは、どうしても地位や名誉にこだわる生活を送りたいと考えている人は、仏道や坐禅とは無縁に終わるだろうということだ。

名誉や利得などの世俗的な価値の背後に、もっと尊い価値があることに目覚め、それをめざして、これまでとは別の人生を歩もうと考える人々に対してのみ、仏道の門は開かれていることを忘れてはならない。

それはビジネスマンとしての生活を続けながら、裸の一個人として生きていくことであり、一人の人間として自らの社会生活をみつめ直すことに他ならない。

その境界にある仏道の門が〝狭き門〟か、それとも〝広き門〟かどうかは、そこを通るあなた自身にしか分からないことである。

●恵まれた余暇に勉強することの重要性

だが、「名利の心を捨てる」という心構えだけで、人間として立派になれるかと言えば、それほど安易ではなく、仏教徒としてもまだ十分ではない。

本書で述べたように、仏教には、《原因》と《結果》の因果律がこの世を支配しているという信仰があるが、その法則に従ってより良い人生を築いていくには、世界の客観情勢を学んで法則性を身につけなければならない。

とくにビジネスマンにとって、客観情勢の把握ということが非常に重要な課題になることは言うまでもない。その出発点は、何と言っても勉強である。

私たちは幼稚園や小学校に入学して以来、さまざまな勉強をしてきたし、学校での勉強が私たちの人生のかなりの部分を占め、人生に役立つことは事実である。

しかし、学校を卒業したことが勉強の終わりを意味するのではなく、むしろ、本当の勉強は、卒業証書を手にして学校を離れた瞬間から始まると言っても過言ではない。

にもかかわらず、人によっては卒業と同時に教科書を投げ捨てて、二度と机に向かおうとしない人もある。私に言わせれば、それは人間としての「自殺」行為だと思う。

なぜなら、私たちは卒業後も人生を続けていくわけで、職業生活をまっとうするためにも最低限の知識が必要になってくる。そのために知識を体系的に身につけ、生活に役立てていくことは職業人として最低限の条件である。

ちなみに、多くのビジネスマンは比較的安定した経済生活と、それに伴う余暇が保証された生活を送っている。したがって、学問や勉強にあまり熱心でなくても、酒や麻雀、スポーツ、色恋、テレビ、映画、音楽など、さまざまな楽しみで時を費やすことができる。

正直に言えば私自身も、若い頃にはこれらのうちのいくつかに、かなりの時間を費やしたものである。しかし四十〜五十代になって、この世の仕組みがある程度分かってくると、二度とない大切な時間をもったいないことに使ってしまったという、反省の気持ちが湧いてくるのを禁じえない。

もしも私たちが仏道に志さないなら、それほど深刻に考える必要はないかもしれないが、かりにも仏道と坐禅を真剣に追求したいと思うなら、時間の空費を最小限に食い止める必要がある。ビジネスマンが坐禅をする大きな理由の一つは、毎日の生活を続けながら、自主性と主体性を失わない点にあるからだ。

自主性と主体性を保つのは生易しいことではなく、想像以上に困難なことである。

単に自主性を保てばいいなら、それほどむずかしくはない。毎日朝晩、坐禅をやって心身を整えながら、ビジネスマンとしての生活を続けていきさえすれば、その目的は達成される。

しかし、それでは組織人として大切な「周囲との協調」に欠ける面があり、はたしてビジネスマンとして大成できるかどうか疑問である。ビジネスマンが自主性を保ちながら、社会の中で安定した地位を保つには人一倍の努力が必要である。

少なくとも自分の職業関連の専門分野で、他人に負けないだけの実力を磨くことが必要になるだろう。ただし、本来の学問には、勉強することに伴う楽しみがあるはずで、そのことは、毎日夕食後の一〜二時間を好きな勉強に打ち込んでみれば分かってくる。

最初は、何らかの功利的な目的で始めた勉強も、いつのまにか勉強のための勉強に代わり、狭い書斎に身を置きながら、常に国際的視野で物事を考える境地が開けてくるからだ。人は誰でも、一日のうち二〜三時間を自分で選んだ狭い分野の勉強に費やすなら、その分野に関するかぎり、世界一の学者になれるだろうという言葉もある。

現代のビジネスマンには、過去の時代には想像もできなかったような余暇が十分与えられているのだから、恵まれた勉強のチャンスを無為に過ごす手はないと思われる。

●周囲をよく見て、実際の仕事で勝負する

ここで気をつけてほしいのは、学問好きのまじめ人間はとかく人付き合いの悪い偏狭な

人間と見なされがちだということである。

　そのためには学問だけでなく、自分の周囲をよく見ることが大切になってくる。

　自分の仕事に勉強の成果を適用し、現実に則した成果をあげるためには、理論と現実を結ぶ「架け橋」が必要で、その架け橋に相当するのが自分の周囲の具体的な知識である。

　実際に仕事を手がける場合は、まず、どれくらいの予算がとれるか、人は何人くらい配置できるか、男女比はどうか、資材の調達状況はどうかなど、さまざまな知識が必要になってくる。

　こうした知識は、その仕事への同僚の思惑や上司の見方、会社を取り巻く客観情勢や会社の方針などとも密接に関連しているので、総合的に条件を見極めないかぎり、仕事を成功させることはむずかしい。

　また、上司からの忠告や同僚からの情報、第三者の見方なども貴重な情報になるので、優れたビジネスマンには常に人付き合いの良さが要求される。社内の挨拶や休憩時間の雑談などもおろそかにできないわけで、それらに対処する《落ち着いた心身》を確保することがいかに重要かということが分かるだろう。

　当然ながら、ビジネスマンはやはり仕事で勝負しなければならない。

　仕事というものはきわめて具体的で実践的なものだから、ビジネスマンは常に実践的であることを要求される。

けれども、実践の結果がマイナスの効果しかもたなければ、誰からも評価されない。人間が行う仕事である以上、いつでも成功するとはかぎらないし、どんなに綿密な計画を立てて遂行しても失敗する場合がある。

その時は、逆境にめげることなく次の成功を信じて粘り強く努力するか、成功の見込みはないと判断して、できるだけ損失の少ない形で撤収するしかない。いずれにしても、きわめて具体的な行動をしなければならないのである。

こうした実践に毎日直面せざるをえないビジネスマンにとって、実践を支える身体や心の落ち着きは、何を犠牲にしてでも確保しなければならないものではなかろうか。

厳しい毎日を送るビジネスマンが坐禅を続けることは、非常に至難な技のように感じるかもしれない。

しかし、当事者である本人は、朝晩坐禅をする中で現れてくる落ち着いた身体と心を基礎に、自分に与えられた瞬間を一生懸命生き抜けばいい。

淡々とした日常生活の中で倦まず、弛まず、目の前の課題をこなしていけばいいのである。

そうした毎日がもたらす心静かな時を味わい尽くせ！

釈尊が教えてくれた仏道の知恵は、こうした〝平凡な真実〟の中に隠されていることをお分かりいただければ幸いである。

《2》現実を見ながら将来に備えよう

●経済問題をおろそかにしない

ここで経済問題にふれておけば、ビジネスマンというのはぜいたくな生活をしないかぎり、生存の危機に直面する事態が比較的少ない階層である。

だからと言って、資本主義社会に生きる以上、経済生活に関心を払わなくていいはずはない。私たちは貨幣経済の社会に住んでいるのだから、ビジネスマンといえども経済的な問題に十分関心を払い、自分と家族の生活を維持することに万全の努力をするのは当然である。

しかし、多くのビジネスマンは、自営業者のように生活費を大幅に上回る資金を一時に獲得するチャンスに恵まれない。そのため、ビジネスマンの資産運営の出発点は「貯蓄」ということになるだろう。

実際に、ある場合は経費が収入を上回り、ある場合は収入が経費をわずかに上回るのが、経済生活の実情だ。けれども、通常の生活なら年二回の賞与があり、とくにぜいたくな生活をしないかぎり、毎年少しずつ貯蓄していくことは不可能ではないと思われる。

ただし、今のようなデフレ経済の下では金利はわずかなので、貯蓄した資産の運用に関しては、専門家の知恵を借りながら慎重に考えていかなければならない。

たとえば、株式は一定の価格変動の法則性を基準にして運用する必要があるが、株式投資について真剣に勉強すれば、景気の変動や産業の消長、個別企業の優劣などについて具体的な知識を得ることもできる。

また、不動産の取得にしても適切な金融制度を活用し、相応の土地や住居を入手することは資産運営の一つの方法であり、検討に値いすることだと思う。

バブルの崩壊後、日本経済が「失われた十年」の延長線上で低成長にあえいでいる今日、政府もなかなか思いきった施策を打ち出せないでいるが、個々のビジネスマンが自らの経済生活を維持・発展させるため、さまざまな勉強をすることはますます必要になってくると思われる。

●やがて来る「定年」に備える

ビジネスマンというのは自営業者やフリーの人々と比べると、比較的安定した収入と、豊かな余暇を約束された立場にあるが、一方で、乗り越えることのできない「宿命」をかかえている。

それは一定の年齢になった場合、会社を退職しなければならない「定年」があることだ。日本社会の高齢化が急速に進んだ近年、この問題に関する論議が盛んに行われ、民間企業では、かなり「六十歳定年制」が実施されるようになってきた。

しかし、すべての企業で六十歳定年制が実現しても、定年という制度がなくなるわけではなく、定年後も何らかの職業に従事して、生活費を得る必要があるのがほとんどのビジネスマンの実情である。

しかも、定年後の再就職はそう簡単にできるわけではない。

最近はかなり事情が変わってきたとはいえ、日本には「終身雇用制」という独特の雇用形態があり、各企業や団体ではこうした雇用形態がまだ一般的で、従業員に温情的な取り扱いをするしきたりがある。そうした企業や団体においても、定年という名目で雇用関係を断ち切るのはやむをえないだろう。

長年勤務した会社で定年を迎えたビジネスマンが、その後に新たな職場を見つけることはかなり困難である。定年を少しでも延長してもらうか、子会社で再雇用してもらうか、それとも役員として会社にとどまることができるかどうか、ビジネスマンにとってかなり切実な問題である。

多くのビジネスマンが、就職した当初から「長いものには巻かれろ」という社内の不文律に従い、定年が近づくに従って、少しでも長く会社に止まるための隠微な努力をするのも、いずれは定年で会社を去らねばならないという事実と大いに関係があるかもしれない。

そうした定年にまつわる恐怖を回避したい一心から、特有の卑屈さを身につけて、頼もしそうな派閥に所属することを願い、派閥間の抗争に血道をあげる結果に陥る場合も多いのではないか。

しかし、考えてみれば、ビジネスマンの生活にこのような終わりがあることは、就職して社会に第一歩を踏み出した時から分かっていたことである。ビジネスマンは、第一歩を踏み出したその瞬間から、やがて定年が来るという動かしがたい事実に対して準備を始めるべきなのだ。

その意味では、あくまでも自己責任において問題を解決するため、余暇を利用して自己研鑽に努め、経済的な実力を養うことが大切である。来るべき定年に際して、第二、第三の人生に出発できるよう、数十年間のビジネスマン生活を通じて最大限の努力をしなければならない。

もちろん、そのような努力をしても現実は厳しく、その後の就職がうまくいかない場合もあるだろう。かりにそうだとしても、数十年間、余暇を利用して自己研鑽に努めたという事実は実績として残るはずである。それは、その他の道を選んだ場合とは比較にならない充実感を残すにちがいない。そのような生き方こそ、真に「自主的」な生き方ということになるのではなかろうか。

およそこの世に生きるすべての人々は、大なり小なり常に「自己責任」を自覚しながら働いているのであって、ビジネスマンだけが例外であっていいはずはない。定年後にどのような生き方をするかという問題についても、自己の責任で解決すべき問題であることを自覚し、長期間にわたる努力を積み重ねていくのが当然だと思われる。

●「中道政治」の実現が日本を変える？

これまで、日本のビジネスマンは政治とは無縁の人々と考えられてきた。

事実、ビジネスマンが有力な政党を組織して政治活動に従事したとか、政権をとったとかいう話は、皆無といっていいほどない。労働組合の全国組織や各地の市民団体が盛んに政治活動を行い、自ら候補者を立てて国政に参加しているのに、不思議な話である。

なぜかと言えば、日本は昭和二十年以降、民主主義国家に変容したが、言うまでもなく民主主義とは、最大多数の最大幸福を目標にした政治であり、今日の日本で最大多数の階層といえばビジネスマン以外ないと思うからだ。

本来、日本の政治はもっとビジネスマンの要望を採り入れ、ビジネスマンの利害を中心に行われてもいいはずなのに、実際にそうなっていないのはなぜか。

長期にわたって政権を担当している自由民主党が、ビジネスマンの利害を最優先で考えている党かといえばそうではなく、むしろ金のかかる選挙を背景として、金融資本や産業資本の代弁をする政党と見られても不思議ではない。

要するに、ビジネスマンは頭数において最大多数の階層でありながら、実際の政治の局面では分断され、統治される側に身を置いているのではなかろうか。

最近はこうした日本の政治にも流動的な要素が加わり、自民党や社会党の一部が分裂することによって、中道あるいはリベラルと呼ばれる勢力が台頭してきた。

民主党や公明党などがそれで、私はこれらの中道勢力を背景に、ビジネスマン層が次第に独自の主張を持ち始めるのではないかと期待している。

そして中道的な政治勢力が、なぜ政治は中道を志向しなければならないのかという問題に直面し、仏教哲学的な「中道」の思想に目覚めることによって、日本の政治が少しでも良くなるのではないかという、やや楽観的な見通しを持っている。

保守か革新かという不毛なイデオロギー論争を終わらせ、日本の政治をより現実的な方向へ前進させるためにも、中道的な政治勢力の進出は歓迎すべきことだと思われる。

そして、政治に無関心であることが当たり前だったビジネスマンが、有力な「無党派層」の一部として独自の政治理念を持ち、新たな日本の建設に積極的な発言していくべきだと思われてならない。

以上、ビジネスマンの生活と仏道並びに坐禅について述べたが、その眼目は、日本社会の中核を成しているビジネスマンが、仏教思想の勉強や坐禅の実践を通じて、真に自主的な人間として目覚め、誇るに値いする生活を始めることにある。

実際に坐禅を始めてみると、簡単なようで結構複雑な面もあり、結局のところ一生かかってきわめていくことになるだろう。しかし、その途中でいろいろな困難があっても、最終的には、非常に満足のいく生活を送ることができるようになると私は確信している。

ぜひ、この機会に仏道と坐禅に深い関心を寄せ、個人として自立した新しいタイプのビジネスマンとして、第一歩を踏み出されんことを期待するものである。

［付章］　ビジネスマンのための仏道の智恵《対話編》

A　人材をどう登用し、どう育てたらいいか

●もしも、能力はあるが使いにくい部下と、能力的には劣るが人柄の良い部下がいるとしたら、どちらを経営幹部に登用すべきでしょうか？

西嶋／基本的には、能力のある部下を幹部に登用すべきだと思います。経営者の思考と行動範囲にはどうしても限界があるが、経営者の言動に従順なだけの人間では、イザという時、助けにならないからです。

これからの経営者は、さまざまな能力のある人間を縦横無尽に使うことによって、自らの行動範囲を広げることが重要だと思います。ただし、なんでもかんでもさからって個人的な見方に固執し、自分の意見を曲げない人は好ましくないと思う。

その意味で人柄の良さは大切だが、普通の人柄なら能力のある人材の方がいいでしょう。最近は「個性」豊かでありながら、生活習慣の上で順応性のない人たちが意外なほど多い。その場合は、まちがった生活習慣を変えさせなければならないと思います。

●これからのビジネスマンに一番必要な能力は何でしょう？

西嶋　それは人間力であり、人格だと思います。これからは、自律神経のバランスがとれた人間かどうかが非常に重要になってきます。バランスがとれていないとうまく社会生活が営めず、日常生活に破綻を来す恐れがあるからです。

●とくに経営者にとって、自分の片腕になるような人間をつかめれば大成功ですが、つかめないのが普通ではないですか。

西嶋　たしかにそうかもしれないが、複数の人間の能力を長時間かけて育成し、その中から優秀な人間を選抜するしかないと思います。最近は外部から人材をスカウトして、当座の必要を満たす方法が盛んですが、それがうまくいけばいいが、失敗する可能性もあります。私はむしろ、若い時から生え抜きで育ってきた人間の中から、能力のある人物を選ぶ方が賢明だと思います。

●どんな企業にせよ、能力のある人間は全体の二割程度で、使える人材は限られています。そういう状況の中で人材を育て、登用するのは非常にむずかしいですね。

西嶋　これまでの日本企業の人事管理は、家族主義的な温情によって生涯勤めさせるのが普通でしたが、世界のグローバル化が進む現在、だんだんそういう形は無理になっています。そういう管理で世界の経済競争に勝てればいいが、勝てない時代が来ているからです。そうなれば、能力のある人間は大いに活躍するが、能力のない人間にはやめてもらう人事管理をせざるをえません。

●では、部下の業績に応じて昇格させたが、その仕事ぶりや能力に失望した時は、どうしたらいいですか？

西嶋　あらためて降格せざるをえないでしょう。そうしなければ企業間競争に勝てないのであれば、降格や昇格を躊躇することなくどんどんやるべきだと思います。

●入社して間もない新人の、企業へのロイヤリティ（忠誠心）やモチベーションを高めるには、どうしたらいいですか？

西嶋　仕事をすることが会社のためでなく、自分自身の向上のためなんだという思いを抱かせることに尽きます。実際、会社で良い仕事をすることが社会に貢献することにつながり、自分自身の豊かさにつながることは明らかですからね。会社で一生懸命働くことが、自分の人生そのものなんだということが心にしみこんでいけば、ロイヤリティもモチベーションも高まっていきます。すべては会社のためでなく、自分のためなんだという気持ちを持たせられるかどうかがカギになると思います。

●なるほど。それについてはこんな話を聞いたことがあります。ある大手広告代理店の幹部社員は、会社の大屋根の下の一角をテナントとして借り、そこで個人商店を開かせてもらっている。そういう意識で働いていると言っていました。今は、どんな大企業の社員でも、個人として店を出しているくらいの気概がなければ、会社が存在価値を認めない時代に入っているようですね。

西嶋　要するにどういう仕事であれ、自分の仕事がおもしろくて仕方ないという形をつくるべきなんです。それが本人の幸福であると同時に、会社への貢献につながるからです。その意味では、会社も個人に大幅に権限を委譲し、自主的な判断で仕事を進められる体制に移行する必要があります。何もかも雁字搦《がんじがら》めに縛ってレールを敷き、その上を走れといったら、良いアイデアもやる気も出てきません。会社として大枠を外すことはできないでしょうが、個人の創意と自由裁量をかなり認めることが重要だと思います。

●景気がこれだけ低迷し、日本経済の活力が落ちているので、どの企業でもいかに起業家タイプの社員を育てるかということがポイントになっています。

西嶋　その点では、一種の新たな合理主義が広まりつつあるんだと思います。理屈に合わないことをやっていては、経済競争に負けてしまうことが明白になったからでしょう。昔はそういうことを考えなくても生き残れたが、これだけ国際資本が流入してくると、理屈に合わないことをやっていれば会社が存続できない時代が来ている。正しい理論に従って経営することが不可欠の時代になっているんです。また、これだけ多様な情報が行き交っているので、とくに若手社員は他社や他業界の情報にきわめて敏感になっており、企業内にそうした合理主義がなければ白けてしまってついてこない。そんな状況下でロイヤリティを要求しても無理だろうと思います。

●今は不景気というより、優勝劣敗がはっきりする時代と言えるかもしれませんね。

西嶋　ええ。冷たい言い方かもしれませんが、経済的に成立しない企業がどんどん没落している時代と言えるでしょう。したがって社会全体に重苦しい空気が漂っていますが、むしろ今が普通なんです。これまでは経済が不健康に肥大していただけで、今こそ落ちるべき《贅肉》がどんどん落ちている時代なんです。経済全体をマクロ的に見れば、健全化の方向へ向かっていると言えるでしょう。

●現代は小さな企業が大きくなるのも早いが、雪印食品や山一證券のように、大企業が一気に瓦解するのも早い。これはなぜでしょうか？

西嶋　それは、企業の情報化やオートメ化のスピードと関連があると思う。その結果、経済社会の運営が非常に効率的になっていて、伸びるのも早いし、崩れるのも早くなっているんです。

●ところで、新人の育成に当たって「ほめる」ことと「叱る」ことのバランスをどうしたらいいですか？

西嶋　ほめてばかりいてもうまくいかないし、叱ってばかりいても良くない。基本的に両方できないと新人を育てることはできませんが、あえてどちらが大切かと言えば、私は「ほめる」方だと思います。誰でも自分の仕事をけなされれば、働かなくなります。反対に、ほめられればやる気が出てくるのが人の常で、〝上司が鬼にならなければ部下は動かない〟というのは事実ではないと思う。そういうやり方では企業経営はできません。

●よく言われるのは、部下を叱ってもいいが、恨みを残すような人事をやってはいけないということです。

西嶋　ええ、だから、やむをえず降格した場合でも、別室に呼んで肩をポンとたたいて慰めてやることが必要です。今後はもっと仕事本位で、それぞれの仕事に合った人が選ばれる時代となり、社会の中の上下関係がかなり変わってくるのではないでしょうか。企業の採用活動も「通年採用」が当たり前で、それぞれの仕事に応じてセクションごとに募集活動を行うようになるでしょう。その結果、欧米のように人の出入りがさらに流動化しますが、その顕著な例が「在宅勤務」です。仕事内容によっては、自宅でやった方が能率が上がるものもありますからね。好むと好まざるとに関わらず、こういう事態はどんどん進んでいるので、それにさからおうとしてもどうにもならないのが現実だと思います。

B どうしたら健全な財務システムを作れるか

●会社の「先行投資」について、基本的にどう考えたらいいですか?

西嶋　企業会計の第一原則は、なんといっても固定費の増大を警戒して、利益の増加を図ることです。常に収支のバランスを考えながら経営していくということですが、とくに先行投資は、経営状況が許す範囲内で可能なかぎり行うべきでしょう。何を対象に先行投資すべきかは「合理主義」の立場で徹底的に研究し、効率的な投資をしたらいいと思いますが、経営の許容範囲を越える投資をすれば、後で必ず予想外のマイナスとなってはね返ってくるので注意しましょう。

●本業以外の新規事業に進出する時は注意しないといけませんね。

西嶋　ええ。もう一度言いますが、自社の経営や財務状況を越える負債は避けなければいけません。経営者は事業を拡大していけばいくほど、より細かく経営状況に目を配っていく必要があります。各店舗や支店ごとの採算をきちんと出し、〝売上げ最大、経費最小〟の原則を全社員に徹底しなければなりません。

一方で、事業には「天の時、地の利」があることを忘れず、チャンスが来た時にすばやく手が打てるよう、常日頃から余裕をもって経営を進めることが大切です。経費や人件費などを削減しながら、よく精査した上で前向きな投資を思いきって行う必要があります。

要するに、まず足元を固めて利益率の向上を図り、それから先行投資をする順序を間違えてはいけません。

●ついつい欲が出て、これだけ売上げが見込めるのだから、この程度の投資は大丈夫だろうと考えて失敗する例が後を断ちません。こういう事態を避けるにはどうしたらいいですか？

西嶋　そういうヨミの甘さは致命的で、企業として長続きしないでしょう。すべてを楽観的に考えて膨大な先行投資をするのは簡単ですが、そういう企業は必ず立ち行かなくなります。要するに楽観的な見方は危険だし、悲観的な見方をすれば先行投資が行われない。そこに自律神経のバランスが働かなければ、的確な経営判断ができません。

●けれども、〝行け、行けドンドン〟でアクセルを踏んでいる社長が、一方でブレーキをかけるのはむずかしくありませんか。ブレーキ役は、副社長や専務が務めるべきではありませんか?

西嶋　そうではありません。社長自身、アクセルとブレーキのバランスがとれていなければ、企業はうまくいきません。何らかのブレーキ役を社内に置くと、かえって社長との争いが絶えず、社内の空気が乱れます。基本的に経営者自身のバランスがとれていなければ、何をやってもダメ。自動車の運転でも、アクセルとブレーキをたくみに操ることによってバランスをとり、安全走行できるのと同じです。

●新たに事業を始める時は、どんな事業に進出したらいいでしょうか?

西嶋　基本的に本業の関連事業から始めるべきで、とにかく儲かりそうだということでまったく未知の領域に手を出すのは避けるべきだと思う。バブル経済の崩壊というのはまさにそれで、たとえば飲食店がテナントビルの経営などに乗り出したため、借金が焦げついた。どんな商売もモチはモチ屋で、一つの事業を軌道に乗せるには何十年もかかるのが普通です。そういう経験のない人間が未知の事業に手を出してうまくいくはずはありません。

●「経営目標」というのは、どう決めたらいいでしょうか?

西嶋　要するに、経営というのは人をどう組織するかということで、経営目標の設定は人の心をどうするかという問題に等しいと思います。会社組織を人体にたとえるなら、経営者の役割は脳細胞に当たり、経営者が誰よりも真剣に会社について考え、社員の先頭に立って行動すれば会社は躍動します。

しかし、経営者が自分だけのことを考えて会社のことを忘れると、会社は生命力を失ってしまいます。経営者が誰よりも真剣に私心をはさむことなく、自らの意思で作っていくのが「経営目標」です。

●具体的な数値を設定するには、どうしたらいいですか？

西嶋　とにかく経営者として〝こうありたい〟と思う数字を持つことが大切で、一度決めた目標を全従業員に「やろう」と思わせることができるかどうか。具体的な目標数字を掲げた時に、周囲の者を「一緒にやりましょう」という気持ちにさせることができるかどうか。放っておいたら従業員はどんどん消極的になっていくので、目標数値を決めて、みんなの気持ちをその方向に向かって燃えさせることが、経営者の最大の仕事と言えるでしょう。

●事業拡大に伴う経費の増大について、どう考えたらいいでしょうか？

西嶋　まず言えるのは、業容の拡大とともに利益が上がるような経営になっているかどうかを、判断基準にすることです。事業規模が拡大すれば、必然的にすべての経費が増加していきますが、それを極力抑える経営を心がけ、経費の伸び率が売上げの伸び率より低くなるようにすればいいのです。

また、金利が一％上がれば経常利益がいくら落ち、何％上がれば利益がなくなってしまうというような計算を毎月行い、それを見ながら事業拡大にブレーキをかけていく必要があります。いずれにしても、企業会計が分からなければ経営はできないということを肝に銘じてください。

●世の中には「無借金経営」を社是とする会社もありますが、それが理想ですか？

西嶋　いいえ。特定の資金需要があって、それを使えば大きな利潤を得られると分かっているなら、〝無借金〟だけが正論ではありません。トヨタやソニーの無借金経営は、支出が大きくてもどんどん入金があるので、借金する必要がないからです。それよりも、経営者に資金を有効利用できる能力があるかどうかの方が問題だと思います。

C　ビジネスチャンスをどうとらえるか？

●時代の変化に対応して、売れ筋商品を見きわめる眼をどう養えばいいでしょうか？

西嶋　これは第一に機械化とコンピュータ化の問題であり、社内の情報伝達システムの改善が先決です。いわゆるＰＯＳシステムを使えば、その日どんな商品が売れたか、単品ごとにすぐ分かるようになっているからです。その結果に従って売れ筋商品を増やし、売れない商品はどんどん廃棄していくのが最善の方法でしょう。こうして取り扱い商品をこまめにチェックしていると、商品を見きわめる力が自然についてくるものです。

●テスト販売という方法もありますね。

西嶋　ええ。「1→3→10」の法則といって、次第に規模を拡大しながらテスト販売を積み重ね、実際の販売に踏みきるためのデータを集めるんです。外資系企業がこの方法に習熟していますが、たとえばディアゴスティーニというイタリアの出版社は各国の現地法人にテスト販売を繰り返させ、確実に売れるというデータが出た企画しかスタートさせません。こうした〝石橋を叩いて渡る〟方式は日本の出版界ではあまり普及していませんが、経済合理主義の徹底という意味で学ぶべき点が多いと思います。

●たしかに外資系企業に学ぶべき点は多いと思いますが、旧山一證券の社員を糾合して店開きしたメリル・リンチ証券の、個人顧客に対するコンサルタント的手法は前評判ほどの成果はあげられませんでした。

西嶋　もちろん社会が大きく変容し、企業もどんどん変わっていく時代ですから、外資のやり方ですべてうまくいくわけではありません。ただし経済というのは合理主義の世界なので、これが欠けていると競争力が確実に落ちることは明らかです。

●たとえば、新たに北の湖理事長が就任した大相撲ですが、プロ野球や映画・演劇が夜間に開催されているのに、なぜ昼間の開催が当たり前になっているんでしょうか？数百年の伝統があるから変えられないと？

西嶋　顧客のニーズに合わせて自らを変えていくことができなければ衰退するのは当たり前で、日本相撲協会はまだそのことに気づいていないのかもしれません。今はトゥインクル競馬といって、競馬まで夜間に開催される時代なのにね。そのうえ、大相撲の「枡席」はお茶屋制度という古い慣習に縛られていて、そのチケットを一般客がなかなか入手できません。これも普通のプレイガイドで買えるようにならなければ、いくら伝統だと言っても時代の流れに合わないと思う。サッカーにしても野球にしてもそうで、顧客のニーズにしっかり応えていくのが基本ですからね。

●「不易流行」という言葉は、時代の変化の中で変わっていくものと、変わらないものをしっかり見きめようということを表現している言葉ですね。

西嶋　経営者は常にその違いを見きわめなければならないし、そのためには「般若の智恵」が必要になってきます。これは、自律神経のバランスがとれていなければ出ない智恵で、直観的な判断が正しく私たちを導いてくれます。

経営者にはこうした直観的で、ある種、動物的な感覚が発達していなければならないと思います。世の中には理屈の上で良さそうに見えても、現実に見込みのないことが山ほどあり、それを見きわめる判断能力が非常に大切です。

●先日、手広くホテルチェーンなどを展開して、成功しておられる経営者に会ったんですが、普通、レジャーホテルでは利用客同士がお互いに顔を会わせなくてもいい構造になっているんですが、なんとそのホテルでは入り口に特製ケーキのショーケースを置き、チェックインの時に希望のケーキを選ばせ、各部屋に届けるサービスで当てたと言うんです。しかも料金が格安で、おいしいケーキと紅茶付きのサービスが口コミで評判となり、行列ができる繁盛ぶりだそうです。

西嶋　なるほど。事ほどさように、成功する企業の経営者というのは実に優れた感性と能力を持っている。そういう能力がないと会社経営はむずかしいと思います。旧来の常識にとらわれていては、人をアッと言わせるビジネスはできませんからね。おそらく欧米の経営学では「直観」というのは問題外かも知れないが、欧米人が仏教に魅かれる理由の一つはそれかもしれません。仏教の立場では、自律神経のバランスがとれているときに得られる直観が一番正しく、それがあらゆる判断の基準になっている。こういう考え方が欧米社会にも徐々に広がるんじゃないでしょうか。

●その場合、坐禅をすればバランスがとれるということは分かるんですが、直観を磨く他の方法はないですか？

西嶋　そうですね。坐禅だけに限らず、ランニングやウォーキングも含めてスポーツで汗を流すのもいいでしょう。あるいは、何か一つ芸事に打ち込んで一生懸命練習すると、バランスがとれてくるかもしれない。昔の商人が義太夫に凝ったのも、そのことと関係があるかもしれませんね。

いずれにしても、直観に勝る判断はありません。人が書物を読み、頭で考えて出てくる判断は月並みなものばかりですが、さまざまな現実に対処するにはそれ以上の判断が必要で、最終的にはそういう直観力を持っているかどうかが重要になってきます。

先ほどの話のように、ホテルの受付にケーキを置いて、お客に選ばせるなどという着想は「理屈」ではなく、まさに直観の世界であって、時代の空気と人々のニーズを感じとる感性の問題だと思います。

●直観力の強い人というのはどんな人なんでしょうか？

西嶋　直観に基づく判断には二種類あって、一つは、こうすればうまくいくだろうという「プラスの判断」。もう一つは、これはうまくいかないからやめておこうという「マイナスの判断」です。

現代のように明日が見えず、人の心が見えにくい時代にはそういう判断が実に大切で、経営者にとっては、ほとんどそれだけだと言ってもいいくらい重要です。自律神経のバランスが確保されると心も体も〝鏡〟のようになり、複雑な現実がそのままの姿で映る。そして、やるべきかやらざるべきかが瞬時に判断できるようになる。

●それで思い出すのは、米国のメジャーリーグで大活躍しているイチロー選手と、スピードスケートの覇者、清水宏保選手です。彼らは非常に冷静に自分を見つめながら、一つのことに情熱をもって全力で打ち込み、あの若さで常人には及びもつかない境地に達しています。幼い時から自分の目標を高く掲げ、それに向かって努力してきた成果だと言ってしまえばそれまでですが、彼らの一言一言には大変な深みと奥行きがあるように思います。いわゆる〝人間を磨く〟ということですが、経営者やビジネスマンにも同じような努力が必要なんでしょうか？

西嶋　たしかに一流のスポーツマンは独自の哲学を持っていますね。彼らは既に〝法悦境〟とでも言えるような世界に入っていますが、要するにどういう生き方をするかということです。

その点、仏教の勉強をすると、頭であれこれ考えて悩んだり、クヨクヨしたりしなくなります。今日やらなければならないことに集中し、それをセッセとやるだけで毎日が過ぎていく。周囲の他人は、「ちっとも楽しくないじゃないか。一日ボンヤリ考え事をするとか、おいしいお酒を飲んだり、食べ物を食べて暮らす方がいいんじゃないか」と言いますが、私としては、自分のやりたいことをやっている喜びのうちに一日が過ぎていく。それで眠くなれば眠って、起きるとやりたいことをやる。これが一番幸福な生き方なんだと思っています。

●まさに直観で動いて懐疑的なことを一切言わず、行動が先に立つ生き方ですね。ところで売れない物を売る奇策はないものでしょうか?

西嶋　原則として、売れない物は売れない（笑）。それを売るためにコストをかけても、赤字になる危険があります。商品が売れるかどうかは市場の現実ですから、少しくらい工夫してもなかなか成功しません。

例外的に売れることはあっても、数は少なく、絶無とは言えませんが、売れない物は作らない方がいいし、売れなくなったらやめた方がいいですよ。売れない物に情熱を傾けるより、売れそうな物にエネルギーを注いだ方がいいでしょう。ラーメン一つにせよ、売れるには売れるだけの理由があるんで、お客は正直だから、どこにでもあるようなラーメンなら食べに行かないが、独自の特別なラーメンを食べさせてくれる店なら、どんな遠方からでも交通費を使って行きます。それは奇策でも何でもなく、むしろ常道なのであって、常道を踏まえずに売れないことをぼやいても仕方ありませんよ。

●私は、たまたま知人のパン屋さん夫婦を訪ねたことがあります。その店では天然酵母を使った手作りのパンを売り物にしているんですが、びっくりしたのはパンの味を論ずる以前のことで、夫婦の作業着が真っ黒で、いつ洗ったか分からないほど汚れていたことです。おまけに主人の髪がボサボサで、不精髭を生やしているのを見たら、そのパンを試食するのがイヤになりました。

それからしばらくして、案の定、その店はつぶれてしまい、自宅で再出発することになりましたが、パンを作っている姿は変わらず、これはダメだなと思いました。三十年間も同じ商売をやっていて、そのことに気づかないんですね。

西嶋　それは作る側や売る側の「自己満足」の問題ですね。たとえば、技術畑の人間だけで立ち上げた会社には販路がないが、自分たちの作った商品が売れないはずはないと思い込んでいます。そうではなくて、顧客がどう思うか、どう感じるかということを事業の根幹に据えないとうまくいきません。

これも一種のバランス思考で、自分たちの考えだけでなく、お客がどう思うかということが大切なんです。

●よく分かりました。最後に、本書の読者に向けてメッセージをお願いします。

西嶋　仏教の教えの一つに〝正法に無因の説なし〟という言葉があります。これは、この世に原因のないものは存在せず、すべての物事には原因があるという意味です。

これは仏教的な合理主義のすすめで、経済の世界でもこうした正しさに従わなければ絶対に成功しません。その意味の〝信仰〟を社会に回復しなければ、日本全体がダメになる。今は、こうした重大な岐路に立っているのではないでしょうか。本書に接した一人でも多くの読者が、「坐禅」に代表される仏教の智恵を生活の中に取り入れ、清く明るく正しい人生を送られるように願ってやみません。

［おわりに］

道元禅師がお書きになった著作『正法眼蔵』の中に、「山水経」という表題の巻があるが、その冒頭に〝而今の山水は古仏の道現成なり〟という一節がある。これは、「現に我々の眼前に展開されている山や川などの自然は、永遠の真実を把握された祖師方の言葉が、そのまま具体化したものである」という主旨の言葉である。

このことは、道元禅師の思想が、したがって釈尊の思想が、我々の生きている現実世界を徹底的に肯定する考え方であることを示している。

明治維新以来、我が国ではキリスト教的な精神主義の考え方が、仏教を理解するに当たって非常に強い影響を与えたため、今日では仏教を非常に悲観主義的な見方で理解する傾向があるが、本来の仏教はそうではない。

本来の仏教の考え方に従うなら、我々はまさに真実の世界の真っ只中に生きているのである。その点では、日々利潤の追求に明け暮れている実業の世界、経営の世界といえども例外ではない。現に、正しい原則に従って運営されている企業が栄え、正しい原則に従って運営されていない企業が没落するのが、この世界の実情ではないか。

その意味で、第二次世界大戦以降、既に七十年近い歳月を唯物論の世界観で過ごしてきた日本社会は、そろそろ真の〝中道思想〟に戻るべきではないかと思われる。

最近の好ましい傾向として、多くの日本企業が経営の原点を見つめ直し、本来の正しい原理原則に従って運営する状況を取り戻しつつある。私は、日本の全企業が正しい原則に従って運営される時代が必ず来ると信じ、その到来を切に願いながら本書を執筆した。

心あるビジネスマンの生き方ならびに企業経営者の指針にしていただければ、望外の喜びである。

著者

＊「一日坐禅会」へのお誘い

平成十年四月から、下記の道場で毎月一回、八月を除く最終日曜日に「一日坐禅会」を開いています。坐禅に関心のある方や初心者、経験者、どなたでも自由にご参加ください。

場所：井田両国堂坐禅道場（ドーゲン・サンガ）／ＪＲ総武線、都営地下鉄新宿線　本八幡駅五分　☎〇四七－三七九－一五九六

時間：午前一〇時～午後四時（未経験者は、午後の部から参加自由）

費用：茶菓代五〇〇円のみ／昼食は各自で持参。空の昼食容器や袋などは必ず持ち帰ること

世話人：古閑辰雄　電話〇四四－八三三－九二六八（午後九時まで）藤田昌三　☎〇三－三六八九－四三三六

＊坐禅と「正法眼蔵」研究の会へのお誘い

※井田両国堂「木曜日の会」

株式会社井田両国堂が創業六十周年の記念事業として社員研修のため、西嶋老師のご教導のもとに坐禅と正法眼蔵研究の会を企画され、昭和五十三年（一九七八年）から毎週木曜日の夜、台東区の柳橋会館において開催されました。その後、場所を変えて続いているのがこの「木曜日の会」であります。株式会社井田両国堂社員に限らず、どなたでも自由に参加されることを歓迎します。

場所：市川市南八幡五‐一一‐二〇　井田両国堂坐禅道場（JR総武線・地下鉄都営新宿線本八幡駅五分）　電話〇四七‐三七九‐一五九六
時間：午後六時〜六時三〇分　坐禅　六時三〇分〜七時四〇分　正法眼蔵提唱　七時四〇分〜八時　質疑応答
テキスト：西嶋和夫著「現代語訳正法眼蔵」（金沢文庫）
世話人：井田両国堂　現在第一巻の講義です。参加費は無料です。

※ドーゲンサンガ・赤心会

昭和四十四年六月、文京区本郷にある東京大学仏教青年会の講義として西嶋老師が「坐禅と正法眼蔵研究会」を開講され、坐禅（四五分）と「正法眼蔵九五巻」の提唱及び質疑応答を（一時間三〇分）行っている。その間、夏期の洞慶院坐禅会のお手伝いをしたり、聴講者の連絡や老師の著書の購入斡旋等のお手伝いも盛んになり、聴講者の会が昭和五十一年に「赤心会」として誕生し現在に至っている。

場所：文京区本郷三－三三－五　日本信販ビル　財団法人東京大学仏教青年会　電話〇三－三八一三－五九〇三

日時：第一土曜日　第三土曜日　第五土曜日

時間：午後二時三〇分～三時一五分　坐禅　三時三〇分～四時三〇分　正法眼蔵提唱　四時三〇分～五時　質疑応答

テキスト：西嶋和夫著「現代語訳正法眼蔵」（金沢文庫）現在第九巻です。

世話人：柳本英樹　日比良一　関口英之　会費は四〇〇円です。

※ドーゲンサンガ「英語の会」

場所：第一土曜日　第三土曜日　第五土曜日　財団法人東京大学仏教青年会
時間：午後一時～二時三〇分　坐禅と正法眼蔵提唱及び質疑応答
場所：第四土曜日　ドーゲンサンガ　井田両国堂坐禅道場
時間：午後一時～二時三〇分　坐禅と正法眼蔵提唱及び質疑応答
世話人：斎藤治美　会費三〇〇円です。

※ドーゲンサンガ「第四土曜日の会」

西嶋和夫老師のご指導のもとに一九八九年以来、毎月第四土曜日に「坐禅と正法眼蔵の研究会」が下記の要項で開かれております。永平高祖道元禅師の只管打坐の仏道を知りたい方、坐禅を体験したい方は、初心者、経験者、国籍を問わずどなたでも自由な参加を歓迎しています。知人、友人等を誘って参加して下さい。

場所：市川市南八幡五－一一－二〇　井田両国堂坐禅道場（JR総武線・地下鉄都営新宿線本八幡駅五分）　電話〇四七－三七九－一五九六

時間：午後二時三〇分～三時一五分　坐禅　三時二〇分～四時三〇分　正法眼蔵提唱
四時三〇分～五時　質疑応答
テキスト：西嶋和夫著「現代語訳正法眼蔵」（金沢文庫）
世話人：古閑辰雄　電話／FAX〇四四－八三三－九二六八
現在第九巻の講義です。参加費は無料です。

※東方学院

場所：千代田区外神田二－一七－二　共和ホームズ四階　電話〇三－三二五一－四〇八一

毎週：金曜日　午後一時～二時四〇分　中論提唱　午後二時四〇分～四時二〇分　正法眼蔵提唱

※くりのみ会

場所：JR錦糸町駅北口下車一分　改札を出てすぐ右側のビル
錦糸町アルカ一三　アルカイースト一三階　電話〇九〇－七八〇八－二二〇一

※ＮＨＫ学園
場所：国立市東一－一六－一七　国立ポポロビル四階　電話〇四二－五七四－〇五七〇
毎週：月曜日　午後六時三〇分～七時　坐禅　七時～八時三〇分　正法眼蔵提唱及び質疑応答

※「正眼会」

今を去る二十一年前（一九八〇年三月）、一陣の疾風が吹いて、正法の胚芽が関西の枚方に移植された。そのきっかけはＮＨＫサラリーマンライフ番組を見た故松本邦次氏（当時松下電器産業株式会社教育訓練センター理事、所長）の西下の招聘に西嶋和夫老師が「参りましょう」と答えてくださったことだった。早朝のうら寒い第二土曜日に、所長の号令で各事業部人事責任者が五〇名ばかり「発無上心」も芽生えておらず、ともかく雁首を並べて座った。一同は張りのある声で凛々と語られる老師の提唱に耳を傾け、「難しい」とつぶやきながら、会を追う毎に人数が減っていった。その後、社内外への啓蒙活動等、紆余曲折を経て現在の会員構成は松下社員三割、ＯＢ社員二割、篤志者二割、地元参加者三割で総計四〇名ばかりである。その間、老師には正眼会前日の夜遅く京都に着き宿泊し、翌朝ホテルを出発、講義後、東京へ帰られる強行軍を二十一年間欠かさず続けていただいている。

場所：松下電器産業株式会社人材開発センターS棟和室と研究室
日時：毎月第二土曜日　九時三〇分〜一二時（希望者は午後三時まで）
　坐禅　三〇分　提唱と質疑　一二〇分　正法眼蔵提唱と質疑　一二〇分
　昼食・懇談　六〇分　自主勉強会　一二〇分

【著者紹介】

西嶋 和夫(にしじま・わふ)

1919年、神奈川県生まれ。東大法学部法律学科卒。現在、(株)井田両国堂顧問、東方学院講師。1940年、栃木県大中寺において沢木興道老師と相見。以後1965年12月の同師御他界まで引き続き同師の御慈教を受く。1973年12月、丹波廉芳老師の元で出家。法名愚道和夫。1977年2月、法戦式、同12月、嗣法。坐禅指導でも活躍中。

人も企業もバランスが命~正法経営のすすめ~

2002年9月10日 第1刷発行

著 者 西 嶋 和 夫

発行人 浜 正 史

発行所 株式会社 元就《げんしゅう》出版社

〒171-0022 東京都豊島区南池袋4-20-9
サンロードビル301

電話 03-3986-7736 FAX 03-3987-2580
振替 00120-3-31078

取材協力 桜 井 裕

装 幀 純 谷 祥 一

印刷所 中央精版印刷株式会社

※乱丁本・落丁本はお取り替えいたします。

ISBN4-906631-84-3 C0034